다윗의 세대

THE DAVIDIC GENERATION

THE DAVIDIC GENERATION
BY DAVID SWAN
COPYRIGHT © TAN SWAN CHEW (DAVID SWAN) ALL RIGHTS RESERVED
KOREAN TRANSLATION COPYRIGHT © 2019 BY BETHEL BOOKS

이 책의 한국어판 저작권은 벧엘북스에 있습니다.
저작권법의 보호를 받는 저작물이므로 무단전재와 불법 복제를 금합니다.
저자의 견해 중 일부는 출판사의 견해와 다를 수 있습니다.

다윗의 세대

The Davidic Generation

데이비드 스완 지음 · 정광의 옮김

마지막 때를 사는 우리의 간구를 향한 하나님의 응답은 다윗의 세대를 일으키는 것이다. 다윗의 세대는 마지막 때에 성령님께서 기름부으신 예배자요 영적 용사의 세대이며 여호수아 세대가 시작한 하나님의 일을 완성하는 세대이다. 데이비드 스완은 다윗의 8개의 주제를 통해 다윗의 세대의 특징을 효과적으로 설명한다.

이 책을 바칩니다

"거룩하고 진실하사

다윗의 열쇠를 가지신"(계 3:7)

예수님께 이 책을 바칩니다.

그리고

아내 아이린과 자녀들,

다윗의 장막의 소중한 동역자들에게

이 책을 바칩니다.

감사의 말

추천사로 섬겨주신 수잔 탕, 짐 & 주디 스티븐스,
버논 & 마거릿 펄스 목사님과 신실한 기도 후원자들께
진심 어린 감사를 드립니다.

Foreword 추천사

짐 & 주디 스티븐스 목사

짐과 주디는 오하이오주 매리언 크리스천 센터에서 25년간 섬겼으며 현재는 전 세계를 순회하며 하나님의 사람들을 일으키는 사역을 하고 있다. 짐과 주디는 하나님의 임재를 사랑하는 진짜 예배자다.

우리는 데이비드 스완 목사님이 시무하는 '다윗의 장막'과 데이비드 스완 목사님이 개척한 몇 교회를 섬겨달라는 요청을 받았습니다. 사역을 섬기면서 우리가 본 다윗의 장막과 개척 교회의 회중은 어느 교회에서나 볼 수 있는 사람들이 아니라 주님의 임재 안에서 새로운 차원으로 나아가는 훈련을 받은 사람들이었습니다.

우리는 데이비드 스완 목사님을 만나고 한눈에 진짜 예배자라는 것을 알았습니다. 이 책의 초안을 보면서 내용에 담긴 은혜와 기름부음에 감탄했고 완성된 책을 받고서 이렇게 귀한 책을 쓴 저자를 알 수 있도록 인도하신 하나님께 깊은 감사를 드렸습니다.

이 책에는 하나님께서 지금 전 세계에 일으키시는 다윗의 세대의 회복을 분별하는 말씀으로 가득합니다. 지금 이 시대에 하나님의 영이 어떻게 역사하시는지 더 자세히 알고 싶은 분들에게 이 책을 강력하게 추천합니다.

헨리 라마야 박사

헨리 라마야 박사는 두 곳의 성장하는 큰 교회의 원로 목사이며 20개의 교회를 개척한 개척자다.

저는 데이비드 스완 목사님의 사역 초기부터 함께 협력했습니다. 제가 본 데이비드 스완 목사님은 삶으로 참된 목자의 마음을 증명하는 교회 개척자의 모범입니다. 이 책은 마지막 때에 거룩한 예배자 세대를 일으키시는 하나님의 마음을 담고 있습니다. 진정한 예배는 순종과 거룩한 삶에서 나옵니다. 그렇지 않은 예배는 부정한 불로 드리는 제사입니다. 이 책이 여러분을 참된 예배로 인도할 것입니다.

수잔 탕 목사

지난 26년간 말레이시아 동부에 많은 교회를 개척한 개척자이며 성령님의 인도를 따라 수천 명의 영혼을 변화시켜 주님께 이끌었다.

이 책은 읽는 사람이 삶의 모든 영역에 예수님을 초대하고 예수 그리스도의 재림을 준비하게 합니다. 다윗의 세대는 교회, 사역, 교단, 조직, 자기의 영광을 위해 살지 않고 예수님 한 분을 위해 사는 세대입니다. 이 책은 예수님을 삶의 모든 영역에 모시도록 도전합니다. 주님께서 중심에 오시면 주님을 대적했던 모든 것이 무너집니다. 만일 그것이 건물로서의 교회나 유명한 사역이라도 주님을 대신하려 한다면 무너질 것입니다. 우리는 예수님을 우리 중심에 모셔야 합니다. 다윗의 세대를 환영합시다!

버논 & 마가릿 펄스 목사

버논과 마가렛은 라이프라인 인터내셔널 사역의 설립자다. 40개 나라를 다니며 기사와 표적을 동반한 독특한 사역으로 교회를 섬긴다.

저는 지난 수년 동안 데이비드 스완 목사님이 하나님의 나라와 하나님의 말씀의 더 깊은 차원으로 들어가려고 신중한 자세로 노력하며 기도하는 모습을 지켜봤습니다. 데이비드 스완 목사님은 온 마음을 다해 "오 주님, 제가 주님을 더 알기 원합니다"라고 외치며 기도하는 삶을 살았습니다.

이 책은 데이비드 스완 목사님이 오랜 시간 하나님 아버지의 마음을 구하면서 기도와 금식, 예배와 기다림, 성령님과의 친밀한 교제와 성경 연구로 쓴 것입니다. 이 책은 우리가 새로운 영적인 차원에서 우리 세대를 향한 하나님의 계획과 목적을 이해하도록 도전할 것입니다. 우리는 다윗의 세대를 일으켜야 합니다.

서 문

 이 책에 나오는 다윗의 세대에 관한 내용은 1987년에 하나님께서 나를 방문해 주셨을 때 받은 것이다. 이것은 내 인생을 송두리째 바꾼 강력한 체험이었다. 이후 내가 전 세계를 다니면서 이 책의 내용을 나눌 때마다 강력한 기름부음이 임했고 집회가 끝나면 저마다 자기가 경험한 생생한 은혜를 간증하곤 했다.

 나는 1987년에 하나님의 방문이라는 은혜의 체험과 함께 받은 다윗의 세대라는 메시지가 하나님께서 주신 거룩한 사명이라고 생각한다. 주님께서 지금 역사하시는 놀라운 일에 우리가 바르게 반응하면서 그 뒤를 따를 준비를 하는 데 이 책이 도움이 되었으면 좋겠다.

데이비드 스완

목 차

도입 12

1장 다윗처럼 예배하는 세대 20
다윗적인 예배 / 금 향단 / 분위기 준비 / 찬양과 예배로 제공권을 장악하라 / 악기 연주로 예언하다 / 하나님을 찬양하는 악기 / 음악과 말씀 / 새 이름 : 새로운 부르심과 새로운 사역 / 일제히 소리를 내는 현상 / 예배의 흐름 / 간증 : 국제 중보자 및 예배자 집회 /

2장 용사의 세대 44
용사 다윗 / 다윗의 영 / 용사의 영 / 포효할 시간 / 격동하는 대결 / 영적 전쟁과 보호막 / 여호와 닛시 / 영적 전쟁의 무기 /

3장 회복의 세대 64
모든 것을 회복한 다윗 / 회복자 예수님 / 회개와 회복 / 시온의 회복 / 천사들의 사역의 회복 / 천사의 방문 / 건강과 재정의 회복 / 다양한 힘 / 부 : 힘의 또다른 형태 / 파종과 추수의 원리 / 춤의 회복 /

4장 예언적인 세대 86
선지자 다윗 / 선지자와 파수꾼과 나팔 / 성경에 나오는 선지자들 / 고독의 축복 / 선지자와 독수리 / 독수리의 눈 / 천상의 처소 / 예언의 가치 / 다양한 방법으로 말씀하시는 하나님 /

5장 다양한 기름부음을 받은 세대 112

다윗의 세 가지 기름부음 / 기름부음의 도전과 시험 / 다양한 기름부음 / 집단적 기름부음 / 내적 기름부음과 위에서 임하는 기름부음 / 기름부음 : 모방의 위험 / 기름부음 유지하기 / 기름부음 간증 /

6장 하나님의 궤를 다시 모셔 오는 세대 134

다윗과 하나님의 궤 / 바른 순서 / 초막절 /

7장 언약 관계의 세대 156

언약 관계 : 언약 축복 / 다양한 관계 / 언약 관계를 통해 알아가기 / 가룟 유다의 실패 / 언약 관계를 통한 능력 / 언약 관계 안의 신뢰 / 언약 관계를 통한 열매 맺음 / 다윗을 위하여 /

8장 통치권 170

다윗 왕의 통치권 / 인격과 능력과 통치권 / 통치자 예수 / 영을 다스리다 / 통치의 영 / 기억에 남는 예배 / 통치 수준 / 통치의 열매와 결과 /

도 입

여호수아 세대라는 말을 들어 본 적이 있는가? 지금까지 여호수아 세대를 설명하는 설교나 책과 글은 많았다. 하지만 다윗의 세대를 설명하는 책은 찾기 힘들었다. 나는 이 책 '다윗의 세대'를 통해 독자들이 지금 역사하시는 성령님의 일들을 이해하는 데 도움이 되기를 바란다. 다윗의 생애가 주는 진취적이고 예언적인 여덟 가지 교훈이 있는데, 이 교훈은 마지막 세대(END-TIME GENERATION)와 많은 연관이 있다.

1. 예배자 다윗
2. 용사 다윗
3. 회복자 다윗
4. 선지자 다윗
5. 다양한 기름부음 받은 다윗
6. 다윗과 하나님의 법궤
7. 다윗의 언약
8. 다윗의 통치권

다윗이 통치한 시대^{ERA}는 마지막 때에 일어날 세대의 예언적 예표다. 다윗의 때에 많은 영적 전쟁을 치렀기 때문에 솔로몬 왕의 시대에 평화와 안식을 누릴 수 있었다. 그래서 다윗의 시대, 영적 전투의 시대는 솔로몬 왕국이 예표 하는 천년왕국에 앞선다.

다윗의 시대	솔로몬의 시대
전쟁과 정복의 시대 마지막 세대의 예표	안식과 평화의 시대 천년 왕국의 예표

하나님은 창세기 15:18에서 아브라함과 언약을 맺으시고 자손들의 소유가 될 땅의 한도를 알려 주신다. 하나님은 나중에 민수기 34:1~15에서 모세에게 이스라엘이 유업으로 받을 땅의 경계를 알려주시면서 아브라함의 언약을 한 번 더 확증하신다. 하나님께서 이스라엘에 허락하신 전체 유업은 다음과 같다.

> 2 이스라엘 자손에게 명하여라. 그들에게 다음과 같이 말하여라. 너희는 이제 곧 가나안 땅에 들어가게 된다. 이 땅은 너희가 유산으로 받을 땅인데 다음과 같이 사방 경계를 정한 가나안 땅 전체를 일컫는다. 12 … 이것이 너희 땅의 사방 경계이다. (민 34:2~12)

하나님께서 모세에게 명령하신 대로 여호수아는 가나안 땅 전체를 정복하려고 온 힘을 다했지만 아쉽게도 여호수아가 늙어서도 정복해야 할 가나안 땅이 많이 남아 있었다.

1 여호수아가 늙고 나이가 많아졌다. 주님께서 그에게 말씀하셨다. 너는 늙었고 나이가 많은데 정복하여야 할 땅은 아직도 많이 남아 있다. 3 이집트의 동쪽에 있는 시홀 시내로부터 북쪽 에그론 경계까지에 이르는 가나안 땅과 가사와 아스돗과 아스글론과 가드와 에그론 등 블레셋의 다섯 왕의 땅과 아위 사람의 땅과 13 이스라엘 자손이 그술 사람과 마아갓 사람은 쫓아내지 않았기 때문에 그술과 마아갓 사람들이 오늘날까지 이스라엘 자손 가운데 섞여서 살고 있다. (수 13:1, 3, 13)

그러나 유다 자손이 예루살렘 성에 살던 여부스 사람을 쫓아내지 못하였으므로 여부스 사람과 유다 자손이 오늘날까지 예루살렘 성에 함께 살고 있다. (수 15:63)

그러나 그들이 게셀에 사는 가나안 사람을 쫓아내지 않았으므로 가나안 사람들이 오늘날까지 에브라임 지파와 함께 살며 종노릇을 하고 있다. (수 16:10)

12 므낫세 자손이 이 성읍들의 주민을 쫓아내지 못하였으므로 가나안 사람들은 그 땅에서 살기로 마음을 굳혔다. 13 이스라엘 자손이 강성해진 다음에 가나안 사람에게 노동을 시켰으나 그들을 다 쫓아내지는 않았다. (수 17:12~13)

그래서 여호수아가 이스라엘 자손에게 이렇게 말하였다. "당신들은 어느 때까지 주 당신들 조상의 하나님이 당신들에게 주신 땅을 차지하러 가기를 미루겠소? (수 18:3)

위의 성경 본문에 나온 것처럼 여호수아 세대는 약속의 땅 전체를 점령하는 데 실패했기 때문에 하나님은 정복 사명을 완수할 또 다른 사람이 필요했고 하나님은 약 500년 후에 마음에 쏙 드는 한 사람을 찾으셨다. 그가 바로 하나님의 마음에 합한 다윗이다.(행 13:17~22) 이스라엘 왕국의 영토를 최대로 확장한 다윗은 앞서 말한 것처럼 예언적 예표의 의미로 성령님께서 이끄시고 활성화하신 그리스도인으로 구성된 마지막 때 세대, 다윗의 세대를 의미한다. 하나님의 점진적 계시 PROGRESSIVE REVELATION 의 관점에서 다음 세대를 의미하는 다윗의 세대는 이전 세대인 여호수아 세대가 이룬 것보다 더 많은 것을 이룰 것이다.

다윗 왕

다윗은 성경에서 이스라엘의 위대한 왕으로 잘 알려져 있다. 성경에서 아브라함이 나오는 분량은 17장이지만, 다윗이 나오는 분량은 66장에 이르며 다윗이라는 이름이 약 1,200번가량 언급된다. 이처럼 성경에 기록된 다윗의 다양한 모습은 우리에게 많은 것을 알려 준다.

성경에 따르면 다윗은 목자, 음악가, 작곡가였으며 국민적 영웅이었고 재능 있는 지도자요 선지자, 왕, 정복자 및 성전 건축가였다. 다윗은 하나님으로부터 계시로 성전의 구조와 설계를 받았으며 건축을 위한 재료도 넉넉히 준비했다(대상 22:1-5; 28:11-19; 29:1-5). 다윗은 다시 재림하실 예수님(롬 5:14)을 의미하는 영적인 예표SPIRITUAL TYPE이자 예언적인 나타냄PROPHETIC REPRESENTATION이므로 현재를 사는 우리에게 중요한 교훈을 준다.

하나님께서 실패한 사울 왕 아래 고난 당하던 이스라엘의 간절한 기도의 응답으로 다윗을 세우셔서 그들을 구원하신 것처럼, 마지막 때를 향한 하나님의 응답은 다윗의 세대를 일으키셔서 여호수아 세대가 시작했던 하나님의 일을 완성하는 것이다.

다윗의 세대는 예배자와 영적 용사의 세대, 모든 것의 회복을 경험하는 세대, 기름부음 넘치며 예언적으로 행동하는 세대, 하나님의 임재를 자기의 삶과 교회의 예배로 초청하는 바른 방법을 알고 하나님과 언약 관계를 누리는 믿는 자들BELIEVERS의 세대이다. 다윗의 세대에 속한 많은 남성과 여성이 자기가 섬기는 사역에 나타나는 하나님의 통치를 볼 것이다. 앞에서 본 다윗의 세대가 가진 여덟 가지 특징을 더 자세히 설명하겠다.

다윗 왕은 성경에 기록된 누구보다 가장 위대하신 주 예수님을 증거하는 예표이다. 다윗 왕과 예수님은 놀라울 정도로 많은 유사성이 있다는 것을 다음의 표로 설명하고자 한다.

다 윗	예 수 님
1. 베들레헴에서 태어남 (삼상 17:12)	1. 베들레헴에서 태어남 (눅 2:4-6)
2. 이새의 아들 (삼상 16:18-19)	2. 이새의 뿌리 (사 11:10)
3. 이름의 의미가 사랑 받는 사람 (시 108:6; 슥 2:8)	3. 하나님의 사랑 받는 사람 (눅 3:22)
4. 선한 목자 (삼상 16:11)	4. 선한 목자 (요 10:11)
5. 형제들에게 오해를 받음 (삼상 17:28-29)	5. 형제들에게 오해를 받음 (요 7:3-5)
6. 거절을 경험 (삼상 30:6)	6. 사람들이 거절함 (사 53:3; 요 1:11)
7. 하나님께서 직접 선택하심 (시 89:3)	7. 하나님께서 직접 선택하심 (벧전 2:4)
8. 고통과 수치를 당함 (삼상 21:13-15)	8. 고통과 수치를 당함 (마 27:27-31)
9. 광야의 경험 (삼상 23:14)	9. 광야의 경험 (마 4:1)
10. 기도의 사람 (시 109:4)	10. 기도의 사람 (눅 5:16)
11. 욕설로 되갚기를 거절함 (삼하 16:5-13)	11. 입을 열지 않음 (사 53:7; 벧전 2:23)
12. 관대함 (삼하 9장)	12. 은혜가 충만함 (요 1:14; 벧전 2:3)
13. 기름부음 받음 (삼상 16:13; 삼하 23:1)	13. 기름부음 받은 메시아 (사 61:1-3; 마 3:1)
14. 골리앗을 이김 (삼상 17장)	14. 사탄을 이김 (히 2:14)
15. 하나님의 마음에 합한 자 (행 13:22; 삼상 13:14)	15. 하나님의 뜻을 즐거이 행함 (요 4:34; 6:38)
16. 하나님께서 높이심 (삼하 7:8-17)	16. 하나님께서 높이심 (빌 2:9)
17. 30세에 이스라엘의 왕이 됨 (삼하 5:4)	17. 30세 무렵에 사역을 시작하심 (눅 3:23)
18. 제사장의 역할을 함 (대상 15:27)	18. 위대한 대제사장 (히 4:14 *HKJV*)
19. 선지자의 역할을 함 (행 2:29-30)	19. 최고의 선지자 (신 18:18-19; 행 3:22)
20. 이스라엘의 왕 (삼하 5:3)	20. 만왕의 왕 (계 17:14)

CHAPTER 1

다윗처럼 예배하는 세대

THE GENERATION THAT WORSHIPS LIKE DAVID

다윗적인 예배

금 향단

분위기 준비

찬양과 예배로 제공권을 장악하라

악기 연주를 통한 예언

하나님을 찬양하는 악기

음악과 말씀

새 이름 : 새로운 부르심과 새로운 사역

'일제히 소리를 내는' 현상

예배의 흐름

간증

다윗적인 예배

주 하나님께서 나를 학자처럼 말할 수 있게 하셔서, 지친 사람을 말로 격려할 수 있게 하신다. 아침마다 나를 깨우쳐 주신다. 내 귀를 깨우치시어 학자처럼 알아듣게 하신다. (사 50:4)

"이 세대는 다윗처럼 예배하는 세대다."

어느 날, 이른 아침 이 소리를 듣고 깜짝 놀라 즉시 일어났다. 내가 영으로 들은 소리를 곰곰이 생각하자 갑자기 이전에 받았던 다윗의 세대의 계시가 떠오르면서 강한 확신이 들었다. 그렇다! 이 세대는 **다윗처럼 예배하는 세대**다. 이 세대는 다윗의 예배에 나타난 형식과 흐름과 태도를 다시 배우고 실천하는 세대다.

하나님은 종종 우리를 가르치실 때 성경에 나오는 특정한 인물을 사용하신다. 예를 들어 아브라함에게서 믿음을, 욥에게서 인내를, 사무엘과 엘리야와 엘리사를 통해 예언 사역을 알려주시는 것처럼 하나님께서 우리에게 최고의 예배를 가르치실 때는 예배자 다윗을 즐겨 사용하신다.

하나님은 다윗에게 성령님을 충만하게 부으시고 예배와 관련된 통찰과 계시적 지식을 풍성하게 주셨다. 우리는 다윗의 인생과 태도, 시편(73개 시편이 다윗의 저작이다.)을 통해 다윗처럼 예배하는 방법을 배운다. 시편은 우리에게 예배의 초점, 형식, 표현 및 경험과 관련된 지식과 지침을 풍성하게 제공한다.

하나님은 다윗 왕을 통해 새로운 예배를 정립하셨다. 다윗의 예배는 모세의 성막에서 드린 예배와 많은 부분이 다르다. 우리는 영과 진리로 하나님 아버지를 예배하도록 부름 받았다. 다윗적인 예배는 아버지께서 찾으시는 예배를 대표한다.

왜 다윗의 예배가 높은 수준의 예배인가? 하나님의 천국 보좌의 가장 가까운 곳에서 일어나는 일은 무엇일까? 바로 찬양과 예배다. 그래서 예배를 '보좌 사역 THRONE ROOM MINISTRY'이라고 부르기도 한다. 다윗의 장막이 있던 시온 산에서 다윗 왕이 정한 예배는 천국에서 드리는 예배의 모형이다. 요아스, 히스기야, 요시아, 에스라로 이어지는 회복과 부흥은 항상 다윗 왕이 정한 예배의 형태를 회복했다. 나는 다윗의 예배가 천년 왕국의 예배로 계속될 것이라고 믿는다.

> 27 히스기야가 번제를 제단에 드리라고 명령하니 번제가 시작되는 것과 함께 주님께 드리는 찬양과 나팔 소리와 이스라엘의 다윗 왕이 만든 악기 연주 소리가 울려 퍼졌다. 28 온 회중이 함께 예배를 드렸다. 번제를 다 드리기까지 노래하는 사람들은 노래를 부르고 나팔 부는 사람들은 나팔을 불었다. 29 제사를 마친 다음에 왕과 온 회중이 다 엎드려 경배하였다. 30 그렇게 하고 난 다음에 히스기야 왕과 대신들이 레위 사람들을 시켜서 다윗과 아삽 선견자가 지은 시로 주님을 찬송하게 하니 그들은 즐거운 마음으로 찬송하고 몸을 굽혀 경배하였다. (대하 29:27-30)

금 향단

1 너는 분향단을 만들되 아카시아 나무로 만들어라. 2 길이가 한 자요 너비가 한 자인 네모난 모양으로 만들고 높이는 두 자로 하고 그 뿔과 단은 하나로 이어놓아라. (출 30:1-2)

모세의 성막은 뜰, 성소, 지성소의 세 부분으로 구분되며 성소에는 떡상, 금 등대, 금 향단 세 가지 성물이 있었다. 금 향단의 높이는 약 1.2m로 성소의 성물 중에 가장 컸을 것이라고 예상한다. 금 향단은 법궤가 있는 지성소 가까운 곳에 놓이며 전체를 금으로 감쌌고 꼭대기에는 황금 왕관이 있으며 네 귀퉁이에 황금 뿔이 있었다. 매일 아침저녁으로 소합과 나감과 풍자를 순수한 유향과 같은 비율로 섞어 제단에 태웠다. 금 향단과 향품의 향기는 하나님께 드리는 기도와 찬양, 예배와 중보를 의미한다.

하나님은 진정한 예배자들을 찾으시며 그들의 기도와 찬양을 기쁘게 받으신다. 금 향단 네 귀퉁이의 금 뿔들은 능력을 의미한다. 기도와 찬양과 예배와 중보에는 능력이 있다. 요한계시록 8:3~5절에서 그 예를 볼 수 있다.

3 또 다른 천사가 와서 금향로를 들고 제단에 섰습니다. 그는 모든 성도의 기도에 향을 더해서 보좌 앞 금제단에 드리려고 많은 향을 받았습니다. 4 그래서 향의 연기가 성도들의 기도와 함께 천사의 손으로부터 하나님 앞으로 올라갔습니다. 5 그 뒤에

그 천사가 향로를 가져다가 거기에 제단 불을 가득 채워서 땅
에 던지니 천둥과 요란한 소리와 번개와 지진이 일어났습니다.
(계 8:3-5)

향품을 같은 비율로 섞는 것은 균형과 조화를 의미한다. 균형
잡힌 삶은 아름답다. 기도와 찬양과 예배와 중보는 서로 밀접한
관계가 있으므로 기도하지 않으면서 찬양과 예배를 잘할 수 없다.
기도와 찬양과 예배와 중보가 우리 삶에 균형 있게 실천될 때, 우
리의 삶은 하나님께서 기쁘게 흠향하시는 향품이 된다. 금 향단의
높이는 이 제단의 '귀한 가치'를 의미한다. 유명한 기도자 래리
리 박사는 "우리의 최상의 부르심은 하나님께 기도하는 것이다."
라고 말했다. 성령님께서 우리를 위해 중보 하신다.

이와 같이 성령께서도 우리의 약함을 도와주십니다. 우리는 어떻
게 기도해야 할지도 알지 못하지만 성령께서 친히 이루 다 말할
수 없는 탄식으로 우리를 대신하여 간구하여 주십니다. (롬 8:26)

예수님께서 우리를 위해 하나님 보좌 우편에서 중보하신다.

누가 감히 그들을 정죄하겠습니까? 그리스도 예수는 죽으셨지
만 오히려 살아나셔서 하나님의 오른쪽에 계시며 우리를 위하
여 대신 간구하여 주십니다. (롬 8:34)

금 향단은 지성소 가까운 곳에 놓여 언약궤를 마주한다. 기도는 지성소와 가깝다! 대제사장은 속죄일이 되어 지성소에 들어갈 때 향과 제단에서 가져온 불로 채워진 향로를 가지고 간다.

그리고 주 앞의 제단에 피어 있는 숯을 향로에 가득히 담고 또 곱게 간 향기 좋은 향가루를 두 손으로 가득 떠서 휘장 안으로 가지고 들어가서 (레 16:12)

지성소에 들어가는 대제사장의 모습은 우리가 성소에서 지성소로 들어가는 것이 예수님의 보혈뿐만 아니라 많은 기도와 찬양과 예배와 중보로도 가능하다는 것을 보여준다. 기도와 찬양과 예배로 가득 찬 삶을 사는 사람들은 하나님의 임재 안으로 더 깊이 들어간다. 히브리서 9:2-4에는 금 향단이 언약궤와 함께 지성소에 있다고 나오는데, 나는 이것이 성경의 오류가 아니라 하나님의 의도가 담긴 것으로 생각한다.

히브리서 저자는 구약 시대에 대제사장이 일 년에 한 번만 희생 제물의 피와 향을 들고 지성소에 들어간다는 사실을 알았다. 하지만 신약 시대에서는 예수님께서 모든 사람을 위해 보혈을 흘리셨으므로 이제 우리는 숯불과 향으로 가득 찬 향로가 아닌 많은 기도와 찬양과 예배와 중보를 통해 구원받은 모든 사람에게 활짝 열린 지성소로 들어간다.

시편을 살펴보면 기도와 찬양과 예배와 중보가 다윗의 삶의 필

수 요소였음을 알 수 있다. 시편은 찬양과 기도와 예언을 포함한다. 시편의 많은 내용이 기도로 시작해서 예언적 선포나 하나님의 약속으로 끝난다. 시편에는 영적인 통찰력과 깊은 감정에서 우러나오는 내면의 모든 감정이 표현되어 있다. 즉흥성과 예언적 영감은 다윗의 시편과 예배의 특징이기도 하다.

예언적 예배는 하나님의 임재 앞으로 나아가는 열쇠 중의 하나다. 하나님의 임재가 강하게 나타나면 종종 예언적 통찰력이 임한다. 다윗의 세대는 기도와 찬양과 예배와 중보의 향이라는 영적인 활동으로 하나님의 보좌 앞으로 나아가서 풍성한 하나님과의 친밀함으로 들어간다. 다윗의 세대가 영광 안에서 주님을 바라볼 때 주님의 영광스러운 형상으로 변할 것이다.

9 어느 날 제사직의 관례를 따라 제비를 뽑았는데 그가 주님의 성소에 들어가 분향하는 일을 맡게 되었다. 10 그가 분향하는 동안에 온 백성은 다 밖에서 기도하고 있었다. 11 그 때에 주님의 천사가 사가랴에게 나타나서 분향하는 제단 오른쪽에 섰다. (눅 1:9-11)

분위기 준비

2 땅이 혼돈하고 공허하며 어둠이 깊음 위에 있고 하나님의 영은 물 위에 움직이고 계셨다. 3 하나님이 말씀하시기를 빛이 생겨라 하시니 빛이 생겼다. (창 1:2-3)

이 구절에 우리가 주목할 중요한 교훈이 있다. 하나님의 영의 운행이 말씀 선포보다 앞선 것이 보이는가? 말씀 사역자는 '분위기를 분별하는 방법'을 알아야 한다. 말씀이 선포될 분위기가 무르익지 않았을 때는 최적의 결과를 위해 기름부음이 임할 때까지 회중과 잠시 합심하여 기도하거나 더 찬양하고 예배하면서 마음을 준비하고 영적인 분위기를 바꿀 수 있어야 한다. 영적인 분위기를 바꾸는 효과적인 방법의 하나는 방언으로 기도하고 영으로 찬양하는 것이다. 성령님 안에서 자발적이고 즉흥적으로 찬양하면 우리의 영이 깨어난다. 기억할 것은 성령님의 인도하심을 따르는 것이 가장 중요한 열쇠라는 사실이다.

생명을 주는 것은 영이다. 육은 아무 데도 소용이 없다. 내가 너희에게 한 이 말은 영이요 생명이다. (요 6:63)

하나님께서 우리에게 새 언약의 일꾼이 되는 자격을 주셨습니다. 이 새 언약은 문자로 된 것이 아니라 영으로 된 것입니다. 문자는 사람을 죽이고 영은 사람을 살립니다. (고후 3:6)

찬양과 예배로 제공권을 장악하라

1991년 걸프전에서 일어난 '사막의 폭풍' 작전에서 연합군은 제공권을 완벽하게 장악했다. 공중 방어력을 잃은 이라크군은 매일 계속되는 미 공군의 폭격에 초토화되었고 지상전이 시작되자

미군이 걸어가기만 해도 적진을 점령하는 상황이 벌어졌다. 찬양과 예배도 마치 영적인 공중전과 같다. 집중적인 기도와 뜨거운 찬양, 깊은 예배로 원수의 영적인 저항이 파괴되면 무거운 분위기가 사라지고 영적인 자유 속에서 하나님의 말씀이 회중에 더욱 효과적으로 선포된다. 집중적이고 뜨거운 찬양과 예배는 또 다른 차원을 향한 영적 돌파의 디딤돌이다.

노래하는 사람들이 그렇게 노래를 부르니 주님께서 복병을 시켜서 유다를 치러 온 암몬 자손과 모압 자손과 세일 산에서 온 사람들을 치게 하셔서 그들을 대파하셨다. (대하 20:22)

악기 연주로 예언하다

1 다윗과 군대 지도자들은 아삽과 헤만과 여두둔의 자손들을 뽑아 세워 수금과 거문고와 심벌즈로 신령한 노래[MINISTRY OF PROPHESYING]를 부르는 직무를 맡겼다. 이 직무를 맡은 사람의 수는 다음과 같다. 2 아삽의 아들은 삭굴과 요셉과 느다냐와 아사렐라이다. 이 아삽의 아들들은 왕의 지시에 따라 아삽의 지도를 받고 신령한 노래[PROPHESIED]를 불렀다. 3 여두둔의 가문에는 여두둔의 아들인 그달리야와 스리와 여사야와 하사뱌와 맛디디야 이렇게 여섯이 있다. 그들은 수금을 타면서 주님께 감사하며 찬양하며 예언하는[PROPHESIED] 그들의 아버지 여두둔의 지도를 받았다. (대상 25:1-3)

다윗의 세대는 말과 노래, 몸짓과 춤, 악기로 예언할 수 있다. 악기로 예언하려면 연주자의 영이 성령님께 예민하게 조율되어야 한다. 예언적 음악은 성령님께서 강조하시는 내용을 연주자가 해석하고 표현하는 것이다. 연주자에게 성령님께서 주시는 감동이 임하면 가르침과 영감을 주는 감화력 있는 소리로 해석되어 새로운 가락으로 즉흥적인^{SPONTANEOUS} 음악이 나온다.

악기로 예언할 때는 성령님의 흐름에 맞추는 것이 중요하다. 예언적 음악과 소리는 예배의 기름부음을 강화하며 더욱 확산시키고 지속하는 데 도움을 준다. 예언적 연주의 영역에서 '귀'로 듣고 연주하는 능력은 굉장히 중요하다. 교회의 연주자는 성령님과 목회자, 예배인도자의 인도에 따라 자유롭게 악기로 예언하도록 훈련하고 격려받아야 한다. 성령님께서 예언적인 예배팀의 실제적인 지휘자이시므로 예배팀과 연주자들은 성령님의 인도하심과 반응을 따르는 방법을 배워야 한다.

예를 들어 기름부음과 감동이 피아노 연주자에게 임하면 흐름에 따라 즉흥적으로 감동을 연주할 수 있다. 마찬가지로 성령님께서 영감을 주실 때 다른 연주자들도 자기 악기로 독주하거나 합주로 예언할 수 있다. 성령님의 영감과 기름부음으로 연주하면 음악이 더 강력한 감화력^{EDIFICATION}과 깊이가 생긴다. 예언적 음악은 성령님의 풍성한 임재를 더 분명하게 인식하도록 돕는다. 예를 들면 엘리사와 거문고 타는 자가 그렇다. 다음 구절은 예언적인 기름부음과 악기의 효과를 보여 주는 또 다른 보기이다.

15 이제 나에게 거문고를 타는 사람을 데려 오십시오. 그리하여 거문고 타는 사람이 와서 거문고를 타니 주님의 권능이 엘리사에게 내렸고 16 엘리사는 예언을 하기 시작하였다. 주님께서 이렇게 말씀하십니다. 이 계곡에 도랑을 많이 파라. (왕하 3:15-16)

5 그런 다음에 그대는 하나님의 산으로 가십시오. 그 곳에는 블레셋 수비대가 있습니다. 그 곳을 지나 성읍으로 들어갈 때에 거문고를 뜯고 소구를 치고 피리를 불고 수금을 뜯으면서 예배 처소에서 내려오는 예언자의 무리를 만날 것입니다. 그들은 모두 춤을 추고 소리를 지르면서 예언을 하고 있을 것입니다. 6 그러면 그대에게도 주님의 영이 강하게 내리어 그들과 함께 춤을 추고 소리를 지르면서 예언을 할 것이며 그대는 전혀 딴 사람으로 변할 것입니다. (삼상 10:5-6)

하나님을 찬양하는 악기

또 그들과 함께 헤만과 여두둔은 나팔을 불고 심벌즈를 치며, 하나님을 찬양하는 악기를 우렁차게 연주하도록 하였다. 그리고 여두둔의 아들은 문지기로 세웠다. (대상 16:42)

사천 명은 문지기이고 나머지 사천 명은 다윗이 찬양하는 데 쓰려고 만든 악기로 주님을 찬양하는 사람이다. (대상 23:5)

그 때에 제사장들은 직분에 따라 제각기 자기 자리에 섰고 레위 사람들도 주님을 찬양하는 악기를 잡고 섰다. 이 악기는 다윗 왕이 레위 사람들을 시켜 주님의 인자하심이 영원함을 감사하게 하려고 만든 것이었다. 제사장들이 레위 사람들 맞은편에 서서 나팔을 부는 동안에 온 이스라엘은 서서 있었다. (대하 7:6)

연주자들에게 기름부음이 임하면 악기는 성령님의 능력을 표현하는 통로가 된다. 설교자를 위한 기름부음은 주로 말로 풀어지는 것처럼 연주자를 위한 기름부음은 주로 악기와 음악으로 풀어진다. 다윗은 기름부음 받은 실력 있는 음악가였다. 성경을 보면 악신이 임해 괴로워하는 사울 왕을 위해 다윗이 악기를 연주하는 장면이 나온다.

그리하여 하나님이 보내신 악한 영이 사울에게 내리면 다윗이 수금을 들고 와서 손으로 탔고 그 때마다 사울에게 내린 악한 영이 떠났고 사울은 제정신이 들었다. (삼상 16:23)

다윗의 기름 부은 연주로 고통받는 사울 왕에게 세 가지 일이 일어났다. 1) 상쾌해졌고 2) 회복되었으며 3) 악령이 떠나 자유롭게 되었다. 구약에서는 특정한 악기가 전쟁 때 하나님의 도우심을 구하는 도구로 사용되었다. 여리고를 함락시킬 때는 양각 나팔을 사용했다.

제사장들이 나팔을 불었다. 그 나팔 소리를 듣고서 백성이 일제히 큰소리로 외치니 성벽이 무너져 내렸다. 백성이 일제히 성으로 진격하여 그 성을 점령하였다. (수 6:20)

유다와 이스라엘의 전쟁에서도 나팔을 사용했다.

유다 군이 둘러 보니 앞뒤에서 공격을 받고 있는 것이 아닌가! 그래서 그들은 주님께 부르짖고 제사장들은 나팔을 불었다. (대하 13:14)

악기는 기름부음 받은 연주자들의 손에서 강력한 영적 전쟁의 무기가 된다. 교회가 예배팀과 연주자와 악기 투자의 중요성을 깨닫도록 기도하자.

여호와께서 예정하신 몽둥이를 앗수르 위에 더하실 때마다 소고를 치며 수금을 탈 것이며 그는 전쟁 때에 팔을 들어 그들을 치시리라. (사 30:32, 개정)

음악과 말씀

다윗의 통치 시대에 음악과 말씀의 결합은 새로운 의미가 되었다. 다윗 왕은 숙련된 연주자로서 예배에 악기를 사용하도록 권면하고 독려했으며 오케스트라와 성가대를 구성했고, 선임 지휘자들을 임명하여 자신이 쓴 노랫말과 시편 중 일부에 곡을 붙이도록 했다. 시편은 음악을 연주하여 하나님의 말씀을 노래한 것이다. 이 말씀은 낭독하거나 선포할 뿐만 아니라 노래로 부를 수 있도록 선율을 붙이기도 했다.

음악은 말씀에 더 넓고 창조적인 표현력을 제공한다. 선율이 붙여진 성경 말씀은 더 쉽게 기억되며 회중이 한 선율로 노래하는 것은 예배자들이 하나 되는데 도움을 주고 선포되는 말씀에 한 마음이 되도록 한다. 말씀이 성령님의 감동으로 음악과 결합되어 참된 예배자들로 구성된 회중을 통해 표현되면 강력한 능력과 생명과 기름부음이 풀어진다.

새 이름 : 새로운 부르심과 새로운 사역

이방 나라들이 네게서 의가 이루어지는 것을 볼 것이다. 뭇 왕이 네가 받은 영광을 볼 것이다. 사람들이 너를 부를 때에 주님께서 네게 지어 주신 새 이름으로 부를 것이다. (사 62:2)

내가 너를 여러 민족의 아버지로 만들었으니 이제부터는 너의 이름이 아브람이 아니라 아브라함이다. (창 17:5)

하나님이 그에게 말씀하셨다. 너의 이름이 야곱이었지만 이제부터 너의 이름은 야곱이 아니라 이스라엘이다. 하나님이 그의 이름을 이스라엘이라고 하셨다. (창 35:10)

그런 다음에 시몬을 예수께로 데리고 왔다. 예수께서 그를 보시고 말씀하셨다. 너는 요한의 아들 시몬이로구나. 앞으로는 너를 게바라고 부르겠다. (게바는 베드로, 곧 바위라는 말이다.) (요 1:42)

내가 1976년에 처음 개척한 교회의 이름은 '실로암 하나님의 성회'였다. 예수님께서 시각 장애인의 눈을 씻도록 보내신 곳이 실로암 연못이었으며 순종한 사람은 치유 받았다(요 9:7). 실로암은 '보냄을 받았다' 라는 뜻이다. 교회를 시작할 때 많은 시각 장애 학생들과 함께했기 때문에 실로암이라는 이름을 사용했다. 실로암 하나님의 성회는 개척 후 10년간 사역자와 구성원, 재정을 파송하는 동력이 되었다. 주님께서 우리의 회중에서 많은 전임 사역자를 세우셔서 실로암 하나님의 성회 외에 8개의 다른 교회가 개척되었다.

1987년은 주님과 동행하는 여정에서 나의 삶과 교회 구성원 모두에게 성령님의 방문과 기름부음이 넘치는 영적으로 획기적인 한 해였다. 1987년에 나는 집중적으로 주님의 인도하심을 구했다. 그러던 어느 날 성령님께서 내 안에 교회의 이름을 바꾸라는 감동을 주셨다. 나는 교회의 이름을 바꾸는 것은 교회의 부르심을 바꾸는 것으로 생각했기 때문에 신중하게 기다렸다. 얼마 후 어느 날 아침, 우리 가족과 함께 머물던 선교사님이 나에게 교회 이름의 바꾸는 것이 어떻겠냐고 물었다! 주님께서 나에게 주신 감동에 확증을 주신 것이다.

나는 집중적으로 주님을 구할 때 가족들의 수면과 휴식을 방해하지 않으려고 거실에서 잠을 자곤 했다. 어느 날 밤 거실에서 잠을 자던 중에 하나님의 강한 임재 안에서 잠이 깼다. 그때 내 오른쪽 귀에 큰 소리로 "다윗의 장막! 다윗의 장막!" 이라는 음성이 들렸다. 그 소리는 하나님의 음성이었다. 소리 자체가 매우 분명했고 놀라운 위엄이 있었으며 말 그대로 나의 온몸을 관통했다. 나는 하나님의 거룩함 임재와 경외감에 사로잡혀 잠시 엎드린 채 꼼짝할 수 없었으며, 마치 거실에 천사가 무리 지어 있는 것처럼 보였고, 마치 집이 역동적인 생명력으로 가득 찬 분위기를 느꼈다.

나는 엎드린 상태에서 조금씩 머리를 들면서 혹시나 누가 나에게 말한 것은 아닌지 살펴보았지만 아무도 없었다. 그때 시계는 새벽 3시 30분이었다. 나는 주님께서 교회를 위한 새 이름을 주셨음을 깨닫고 매우 흥분되었다. 잠시 후 아내와 이 경험을 나누려고 침실로 들어갔는데, 이미 아내가 깨어서 침대 위에 앉은 것을 보고 또 한 번 놀랐다. 내가 하나님의 방문을 받을 때 아내도 하나님의 방문을 받은 것이다. 그녀는 자신의 경험을 이렇게 말했다 ;

"커튼이 펄럭이며 천장에 닿을 정도로 강한 바람이 불어 잠에서 깨어 침대에 앉았어요. 나는 바람과 함께 하나님의 임재가 방안을 휩쓸며 들어오는 것을 분명히 느꼈어요. 두렵지만 평안한 하나님의 임재를 어떻게 설명해야 할까요? 그런데 갑자기 한순간 방이 빛으로 환하게 빛나기 시작했고 '문들아 머리를 들어라. 머리를 들지어다 문들아! 영원한 문들아 머리를 들지어다! 영광의 왕이 들어가신다!' 라는 성경 구절이 내 영 안에서 계속 떠올랐어요. 남편이 침실로 들어올 때 나는 이미 하나님의 임재를 누리는 중이었죠. 남편이 나에게 '다윗의 장막'을 이야기했고, 나는 그 단어가 무엇을 의미하는지 이미 알았어요."

나는 주님께서 우리 교회에 주신 다윗의 장막이라는 새 이름에 교회의 부르심과 사역의 열쇠가 있다는 것을 알았다. 성경은 마지막 때에 하나님께서 다윗의 장막을 회복하실 것이라고 말씀하신다(행 15:16). 나는 이 회복에 다윗의 예배 회복도 포함한다고 믿는다. 나중에 이 모든 경험과 의미를 교인들과 나누었을 때, 교회는 만장일치로 이름을 '다윗의 장막'으로 바꾸는 데 동의했다.

교회 이름을 바꾼 이후로 주님의 손이 우리를 더 강하게 인도하시며 기름 부으셨다. 주님께서는 다윗처럼 예배할 예언적 예배팀을 세우도록 인도하셨다. 우리 교회를 찾은 많은 방문자와 초청 강사가 우리의 예배에 하나님의 강함 임재가 있다고 간증했다. 방문자들은 이전에는 이렇게 깊은 예배와 하나님의 강한 임재를 경험해 보지 못했다고 말했다. 하나님은 성령님을 통해 우리를 가르치시며 인도하시고 우리의 예언적인 차원의 예배를 발전시키며 성숙하게 하셨다.

'일제히 소리를 내는'ᵒⁿᵉ ˢᵒᵘⁿᵈ 현상

13 나팔 부는 사람들과 노래하는 사람들이 일제히 한 목소리로 주님께 찬양과 감사를 드렸다. 나팔과 심벌즈와 그 밖의 악기가 한데 어우러지고 주님은 선하시다. 그 인자하심이 영원하다 하고 소리를 높여 주님을 찬양할 때에 그 집, 곧 주님의 성전에는 구름이 가득 찼다. 14 주님의 영광이 하나님의 성전을 가득 채워서 구름이 자욱하였으므로 제사장들은 서서 일을 볼 수가 없었다. (대하 5:13-14)

1984년, 성경에 기록된 이 놀라운 현상이 실로암 하나님의 성회 8주년 주일 예배 때 일어났다. 당시 우리 교회에 네 명의 남자 집사가 있었는데, 그중 한 명인 제이슨이 예배인도자였다. 열정적인 찬양을 드리던 어느 시점에서 우리는 차원 높은 찬양ᴴᴵᴳᴴ ᴾᴿᴬᴵˢᴱ으로 들어갔다. 모든 악기가 연주 중이었는데 갑자기 예배자들의 음성과 음악 소리가 확장되는 것처럼 들렸다. 마치 일종의 공명ᴿᴱˢᴼᴺᴬᴺᶜᴱ 상태 같았다.

우리는 놀라운 하나님의 임재 안에서 거의 소리치듯 목소리 높여 찬양했다. 나는 분명히 노래하고 있었는데 어느 순간 갑자기 목소리가 들리지 않았으며 모든 악기 소리가 분간할 수 없이 하나의 소리로 합쳐져서 절대적인 화성을 이룬 것 같았다. 악기와 목소리가 '하나의 소리'가 되어 마치 도약하는 것처럼 빠르게 증폭되었으며 점점 높아지는 소프라노 소리 같았다.

건반 연주자였던 조슈아가 무언가 이상한 일이 일어난 것을 느끼고 당황하여 연주를 멈추고 두리번거렸다. 그러나 이 놀라운 예배는 음향 시스템 조작으로 만들어진 소리가 아니었다. 대다수의 성도가 변화된 상황을 느끼지 못할 정도로 예배에 몰입되었고 소수의 성도만 변화된 무엇인가를 느끼고 두리번거렸다.

8주년 예배에서 많은 사람이 놀라운 하나님의 임재를 경험하고 누렸다. 하지만 이후로 우리는 이런 현상을 다시 경험하지 못했다. 심지어 전문 음악가들조차 역대하 5:13~14에 나오는 '일제히 소리를 내는' 수준까지 화음을 이루는 것은 매우 힘들다고 말한다. 이 일은 오직 하나님만 하실 수 있었다.

놀라운 8주년 예배에서 분명히 하나님의 영이 우리에게 많은 은혜를 베푸시며 운행하셨다. 성경에서 '8' 이라는 숫자는 새로운 시작을 의미한다. 재미있게도 당시 우리 교회의 주소는 '쿠알라룸푸르 잘란 스위구앗 8번지' 였다! 주님께서 여러 해 동안 많은 표적과 기사로 실로암 하나님의 성회를 지속해서 격려하셨으며 '일제히 소리를 내는' 현상도 그중 하나였다. 나는 주님께서 주시는 격려를 마음속에 소중히 간직했다.

11 주님께서 하신 일을 나는 회상하렵니다. 그 옛날에 주님께서 이루신 놀라운 그 일들을 기억하렵니다. 12 주님께서 해주신 모든 일을 하나하나 되뇌고 주님께서 이루신 그 크신 일들을 깊이 깊이 되새기겠습니다. (시 77:11-12)

예배의 흐름

우리의 예배를 예언적으로 바꾸기 위해 목회자와 예배인도자가 명심해야 할 몇 가지 실제적인 지침을 제시한다.

1. 단순히 음악가가 아닌 예배자를 예배인도자로 임명하라. 단지 음악을 잘한다고 예배인도자가 되는 것은 아니다.
2. 성령님께 민감한 예배인도자를 임명하라. 예언적인 기름부음을 받은 사람이면 더 좋다.
3. 정확한 음으로 노래하는 사람을 예배인도자로 임명하라.
4. 곡을 사용할 때는 먼저 당신의 마음을 만지는 노래를 사용하라.
5. 예배 안에서 열린 태도로 성령님의 인도하심에 따른 방향 전환에 유연하라.
6. 노래가 끊어지지 않도록 같은 코드와 박자, 주제로 연결하라.
7. 회중과 함께 하는 예배하기 전의 짧은 기도는 예배를 위한 마음과 분위기를 준비하는 데 큰 도움이 된다.
8. 악보를 보지 않고 귀로 듣고 연주하는 연주자를 확보하라.
9. 말은 가능한 한 적게 하라. (설교자가 말하게 하라).
10. 예배 장소에 산만하고 불필요한 움직임을 최소화하라.
11. 연주자, 자막, 음향 담당자와의 소통을 위해 간단한 수신호를 만들라.

12. 찬양과 예배가 너무 자주 끊기지 않도록 하라.

13. 예배를 시작할 때 이미 하나님의 임재하심이 분명하다면, 미리 정한 곡 순서를 생략하고 바로 임재로 들어가라.

14. 한 예배에서 새로 배우는 노래를 두 곡 이상 하지 말라.

15. 주제, 코드, 빠르기로 분류된 곡목 파일이 있으면 목록에 없는 곡을 신속하게 찾을 수 있다.

16. 일반적으로 느린 곡 위주의 경배 시간에는 탬버린이나 소고를 사용하지 않도록 주의해야 한다.

17. 악기와 음향 시스템 투자를 아깝게 생각하지 말라.

간증 : 국제 중보자 예배자 집회

집회 기간 내내 집단적인 기름부음이 차고 넘치는 놀라운 시간이었습니다. 예배에 깊이 들어가자 제 영이 삼위 하나님을 찾고 부르짖었습니다. 마지막 날 밤에 저는 "내가 이 나라(말레이시아)를 돌아보아야 하는가?"라고 천사들에게 물으시는 하나님의 뇌성 같은 음성을 들었습니다. 천사들은 하나님께 "지극히 높으신 거룩하신 하나님. 그렇습니다, 중보와 찬양과 예배의 희생 제사로 충만한 이 나라를 돌아보소서."라고 대답했습니다. 할렐루야! 주님을 찬양합니다! 하나님께 영광을! 아멘, 아멘!

- 니티아 칼루나하란 (말레이시아 라왕)

밤 10시에서 10시 30분쯤 집회의 마지막 시간에 많은 예배자가 탬버린을 들고나와 예배할 때 저는 밝은 빛의 천사들이 체육관 중앙으로 서서히 내려오는 것을 보았습니다. 그때 영광으로 충만한 면류관을 쓰신 왕 되신 예수님께서 체육관 중앙에 계셨습니다. 왕이신 예수님께서 몸을 돌려 우리를 바라보실 때 그 광채가 얼마나 밝은지 얼굴은 볼 수 없었고 빛나는 모습만 보았습니다. 제 마음은 떨렸고 제 혀는 기쁨으로 가득 차서 큰소리로 하나님을 찬양했습니다.

- 버나드 림 콩 힌 (말레이시아 페탈링)

저는 집회에서 놀라운 예배의 분위기를 마음껏 누리며 무릎 꿇어 예배했습니다. 마지막 날 밤의 영적인 분위기는 제가 감당하기 어려울 만큼 놀라웠습니다. 우리 교회의 지도자들을 포함한 많은 사람이 하나님의 임재 안에서 눈물을 흘렸습니다(간증자 다니엘 호는 집회 강사 중 한 명이다).

- 다니엘 호 목사 (말레이시아 다만사라 우타마)

집회에 참석한 우리 교회 성도들은 천국 같은 예배 경험을 간증했습니다. 우리 교회 성도들은 교회의 예배에 하나님께서 역사하심을 확신했지만 이제 성도들은 더 담대하게 영광스러운 예배로 들어갑니다. 이 집회 직후, 우리 교회에서 드린 주일 예배는 4시간이나 계속되었으며 어떤 성도들은 하나님의 임재 속에서 너무 기쁘고 즐거웠던 나머지 4시간도 짧다고 말했습니다. 이제 우리가 예배할 때 지성소로 나아가는 일은 일상적인 일입니다.

- 그레이스 댄 목사(말레이시아 쿠안탄)

저는 고등학교에서 컴퓨터 활용법을 가르치는 호주인 교사이며 제 가족 일부가 출석하는 싱가포르 교회를 방문했을 때 그 교회의 목사님께서 이 집회에 참석하도록 권면하셨습니다. 저는 집회의 목적을 묻지 않고 믿음으로 등록했습니다. 12월 2일부터 3일까지 집회에서 기수$^{FLAG\ BEARER}$로 참여한 경험은 제 인생에 놀라운 일이었습니다!

- 셜리 펜넬 여사 (호주)

1장 다윗처럼 예배하는 세대

CHAPTER 2

용사의 세대

The Warrior Generation

용사 다윗

다윗의 영

용사의 영

포효할 시간

격동하는 대결

영적 전쟁과 보호막

여호와 닛시

영적 전쟁의 무기

용사 다윗

젊은 신하 가운데 한 사람이 대답하였다. 제가 베들레헴 사람 이새에게 그런 아들이 있는 것을 보았습니다. 그는 수금을 잘 탈 뿐만 아니라 용사이며 용감한 군인이며 말도 잘하고 외모도 좋은 사람인데다가 주님께서 그와 함께 계십니다. (삼상 16:18)

블레셋 군대가 쳐들어와 사울 왕이 이끄는 이스라엘 군대와 계곡을 사이에 두고 40일간 대치했다. 블레셋에서는 거인 골리앗이 나와 이스라엘 군대를 향해 이렇게 외쳤다.

8 골리앗이 나와서 이스라엘 전선을 마주 보고 고함을 질렀다. 너희는 어쩌자고 나와서 전열을 갖추었느냐? 나는 블레셋 사람이고 너희는 사울의 종들이 아니냐? 너희는 내 앞에 나설 만한 사람을 하나 뽑아서 나에게 보내어라. 9 그가 나를 쳐죽여 이기면 우리가 너희의 종이 되겠다. 그러나 내가 그를 쳐죽여 이기면 너희가 우리의 종이 되어서 우리를 섬겨야 한다. 10 이 블레셋 사람이 다시 고함을 질렀다. 내가 오늘 이스라엘 군대를 이처럼 모욕하였으니 너희는 어서 나에게 한 사람을 내보내어 나하고 맞붙어 싸우게 하여라. (삼상 17:8-10)

사울과 온 이스라엘이 골리앗의 말을 듣고 두려워했다. 골리앗이 장장 40일간 아침저녁으로 이스라엘과 하나님을 조롱했지만,

이스라엘의 누구도 골리앗의 도전에 맞서 싸우지 않았다. 이때, 어린 다윗이 형들에게 음식을 가져다주라는 아버지의 부탁을 받고 최전방에 와서 골리앗의 조롱과 도전하는 소리를 듣고 골리앗과 싸우겠다고 자원했다. 하지만 다윗의 형들은 골리앗과 싸우겠다는 다윗을 크게 꾸짖었다.

28 다윗이 군인들과 이렇게 이야기하는 것을 맏형 엘리압이 듣고, 다윗에게 화를 내며 꾸짖었다. 너는 어쩌자고 여기까지 내려왔느냐? 들판에 있는, 몇 마리도 안 되는 양은 누구에게 떠맡겨 놓았느냐? 이 건방지고 고집 센 녀석아, 네가 전쟁 구경을 하려고 내려온 것을, 누가 모를 줄 아느냐? 29 다윗이 대들었다. 내가 무엇을 잘못하였다는 겁니까? 물어 보지도 못합니까? (삼상 17:28-29)

그러나 다윗의 형들이나 다른 사람은 몰랐지만, 하나님께서 직접 들판에서 양을 치던 목동 다윗을 훈련시키셨다.

34 그러나 다윗은 굽히지 않고 사울에게 말하였다. 임금님의 종인 저는 아버지의 양 떼를 지켜 왔습니다. 사자나 곰이 양 떼에 달려들어 한 마리라도 물어가면 35 저는 곧바로 뒤쫓아가서 그놈을 쳐죽이고 그 입에서 양을 꺼내어 살려 내곤 하였습니다. 그 짐승이 저에게 덤벼들면 그 턱수염을 붙잡고 때려 죽였습니다. 36 제가 이렇게 사자도 죽이고 곰도 죽였으니 저 할례받지 않은

블레셋 사람도 그 꼴로 만들어 놓겠습니다. 살아 계시는 하나님의 군대를 모욕한 자를 어찌 그대로 두겠습니까? (삼상 17:34-36)

이스라엘을 향한 골리앗의 도전에 하나님의 응답은 다윗이었다! 사자와 곰과 골리앗을 쓰러뜨린 다윗의 용맹한 업적은 세대에서 세대로 이어 오며 수많은 신자를 도전했다. 다윗의 영웅적인 업적과 승리와 정복으로 모든 이스라엘 사람이 다윗을 사랑했다.

마지막 때의 교회를 향한 원수의 영적 도전과 위협에 하나님의 응답은 다윗의 세대다! 용사의 세대, 다윗처럼 성령님으로 충만한 믿음의 세대, 두려움 없는 주님의 용사들, 이런 주님의 용사들이 온 땅에서 일어날 때 비록 겉으로는 약하고 부족해 보이지만 그들이 가진 강력한 능력과 권위로 다윗처럼 큰 업적을 이룰 것이기 때문에 많은 사람이 큰 충격에 빠질 것이다.

과거에는 하나님의 능력으로 충만한 사람들이 소수였다. 하지만 성령님의 현재 역사하심 안에서 다윗의 세대, 하나님의 능력의 사람들은 전 세계 수백만 명이 될 것이다! 일반 대중이나 매체를 통해 알려지지 않은 평범한 사람들이 영적인 돌파와 하나님을 위한 과업을 수행하면서 능력 있는 표적과 기사가 일어나면서 영적 용사들의 숫자는 점점 더 늘어간다!

나에게 능력을 주시는 분 안에서 나는 모든 것을 할 수 있습니다. (빌 4:13)

참으로 주님께서 나와 함께 계셔서 도와주시면 나는 날쌔게 내 달려서 적군도 뒤쫓을 수 있으며 높은 성벽이라도 뛰어넘을 수 있습니다. (시 18:29)

다윗의 영

그들뿐만이 아니라 압제를 받는 사람들과 빚에 시달리는 사람들과 원통하고 억울한 일을 당한 사람들도 모두 다윗의 주변으로 몰려들었다. 이렇게 해서 다윗은 그들의 우두머리가 되었는데 사백여 명이나 되는 사람들이 그를 따랐다. (삼상 22:2)

이 말씀을 보면 다윗이 사울을 피해 아둘람 동굴에 숨었을 때 세상의 눈에는 보잘것없는 실패자들이 모였고, 다윗은 이 사람들을 쫓아내지 않고 보살폈다. 그런데 놀랍게도 다윗과 함께 있으면서 인생의 실패자들이 놀랍게 변화되었다. 기름부음 받은 다윗의 탁월함이 평범하지도 못하던 '수준 이하'의 사람들을 변화시켜 원수들에게 두려움을 주는 강력한 용사로 바꾸었다. 이들은 다윗의 탁월함에 감화받아 평범한 사람에서 용맹한 용사로 변화되었다.

연약한 사람들이 다윗과의 연합을 통해 기름부음 받아 변화되었다. 마찬가지로 우리도 주님과 연합할 때 기름부음 받은 강한 용사로 변화한다. 다윗의 세대에게 부어지는 성령님의 은혜에 '사로잡히면' 하나님을 위한 큰 꿈을 꾸게 된다. 사랑은 사랑을, 믿음은 믿음을, 하나님의 용사는 하나님의 용사를 낳는다!

용사의 영

주님께서 용사처럼 나서시고 전사처럼 용맹을 떨치신다. 전쟁의 함성을 드높이 올리시며 대적들을 물리치신다. (사 42:13)

다윗이 강한 용사였던 것처럼 다윗의 세대도 영적인 용사들이다. 주님께서 믿는 자들의 영에 새로운 담대함과 거룩한 공격성을 불러일으키신다. 비굴한 두려움은 삶을 억압하고 무기력하게 만든다. 하나님은 우리에게 이런 비굴한 두려움을 주지 않으셨다.

분명하게 기억하자. 두려움, 비굴함, 소심함이 우리의 적이다. 두려움이라는 원수는 우리를 마치 잔뜩 겁에 질려 굳어버린 발레리나처럼, 혹은 무대 공포증에 사로잡혀 목이 막혀버린 가수처럼 만든다. 두려움은 우리 삶의 많은 부분에 부정적인 영향을 끼쳐서 최선의 결과를 내지 못하도록 방해한다.

히브리서에는 뛰어난 업적을 이룬 담대한 믿음의 사람들이 기록되어 있다. 이들은 용감한 믿음으로 나라들을 이기기도 하며 의를 행하기도 하고 약속을 받기도 하며 사자들의 입을 막기도 하고 불의 세력을 멸하기도 하며 칼날을 피하기도하고 연약한 중에 강해지며 용맹한 용사가 되어 이방인을 물리치기도 했다(히 11:33).

예배하는 용사들이 있는 교회의 예배는 확실히 다르다. 회중의 찬양과 예배는 의기양양하며 힘이 넘치고 기도와 중보에 열정이 넘친다. 앞으로 더 많은 신자가 예수 그리스도 안에서 새로운 권세를 이해하고 영적인 용사가 되어 예수의 이름으로 영적인 권세를 사용할 것이다. 이들은 성령님의 기름부음과 능력을 받아 축복하고 예언하며 명령하고 선포하는 능력을 발휘할 것이다.

하는 일마다 다 잘 되고 빛이 네가 걷는 길을 비추어 줄 것이다.
(욥 22:28)

나는 앞으로 다윗의 세대들을 통해 시편에 나오는 탄원의 기도가 실천되어 악한 자들이 심판받고 하나님을 두려워하는 일이 더 많이 나타날 것이라고 믿는다. 신약에 나타난 좋은 예는 행 13:8-12의 바울과 박수 엘루마의 사건을 들 수 있다.

기록된 판결문대로 처형할 것이니 이 영광은 모든 성도들의 것이다. 할렐루야. (시 149:9)

온 교회와 이 사건을 듣는 사람들은 모두 크게 두려워하였다.
(행 5:11)

이제 예배자들은 '지성소'로 들어가 일반적인 찬양에서 전쟁 찬양으로, 일반적인 예배에서 예언적 예배로 이동해서 어둠의 세력을 굴복시키는 신선한 능력을 갖출 것이다.

포효할 시간

주님께서 사자처럼 부르짖으신다. 이스라엘 사람들이 주님의 뒤를 따라 진군한다. 주님께서 친히 소리 치실 때에 그의 아들 딸들이 서쪽에서 날개 치며 빨리 날아올 것이다. (호 11:10)

예수님은 하나님의 어린양이시면서 강력한 유다의 사자이시다. 유다의 사자이신 예수님께서 어둠의 영적 세력을 향해 함성을 높이신다. 강력한 영적 용사들의 찬양과 예배를 통해 유다의 사자 되신 예수님의 강력한 함성이 전 세계에서 일어나고 있다. 영적인 용사들의 예배와 기도를 통한 유다의 사자의 함성은 공중으로 올라가 사단의 본거지를 파괴하고 악한 영들을 흩어버린다! 하나님의 성도들과 영적인 용사를 통해 유다의 사자의 함성이 역사한다.

찬양과 예배에서 중보와 영적 전쟁의 노래, 승리의 노래를 멈추지 말라! 전 세계의 많은 신자가 성령님을 통해 찬양과 예배와 기도의 용사로 일어난다. 승리의 군대를 세우는 일은 주님께서 다시 오실 때까지 계속되며, 유다의 사자이신 주님께서 다시 오실 때 어둠의 세력이 완전히 무장 해제되고 하늘이 열려 천사들이 아무 방해 없이 오르락내리락하면서 많은 사람이 꿈과 환상을 통해 예수 그리스도를 직접 만나는 초자연적인 구원을 경험하고 성령님의 강력한 부흥의 물결이 온 세계를 휩쓸어 수많은 사람이 구원받고 해방되어 하나님의 나라로 몰려들 것이다.

격동하는 대결

7 그 때에 하늘에서 전쟁이 일어났습니다. 미가엘과 미가엘의 천사들은 용과 맞서서 싸웠습니다. 용과 용의 부하들이 이에 맞서서 싸웠지만 8 당해 내지 못하였으므로 하늘에서는 더 이상 그들이 발 붙일 자리가 없었습니다. (계 12:7-8)

계시록은 우리에게 하늘에서 일어난 전쟁을 알려준다. 미가엘과 천사들이 용, 사탄과 그 졸개들에 대항하여 싸웠으며 사탄과 졸개는 패배하고 땅으로 쫓겨났다. 예수님께서 지상에서 사단을 한 번 더 패배시키셨다. 그러므로 우리는 사단이 이미 패배했음을 기억해야 한다. 하늘의 전쟁에서 사단은 패하고 땅으로 쫓겨났다.

땅으로 쫓겨난 사탄은 하나님을 직접 대적할 수 없으므로 하나님의 피조물을 공격하려고 호시탐탐 기회를 엿본다. 그래서 우리가 사는 세상은 영적 전쟁터이며 매일, 매 순간 치열하고 극심한 영적 전투가 일어난다. 당신이 좋든 싫든 간에 구원받은 순간 이미 영적 전쟁에 들어왔으며 그리스도와 같은 편이 되거나 그리스도를 대적하는 편에 서는 것을 선택해야 한다. 중간은 없다.

전쟁터에는 부상과 고통, 피 흘림과 죽음이 비일비재하게 일어난다. 사상자가 발생하기도 하고 정말 안타깝게도 일부는 주님을 거역하기도 하지만 하나님은 우리가 승리자 OVERCOMER 가 되기를 원하신다. 나는 당신이 치열한 전투에서 도망치지 않았던 다윗의 용사 중 한 명인 '삼마'처럼 되기를 원한다.

11 세 용사 가운데서 셋째는 하랄 사람으로서 아게의 아들인 삼마이다. 블레셋 군대가 레히에 집결하였을 때에 그 곳에는 팥을 가득 심은 팥 밭이 있었는데 이스라엘 군대가 블레셋 군대를 보고서 도망하였지만 12 삼마는 밭의 한가운데 버티고 서서 그 밭을 지키면서 블레셋 군인을 쳐죽였다. 주님께서 그에게 큰 승리를 안겨 주셨다. (삼하 23:11-12)

우리는 정사와 권세와 이 어둠의 세상 주관자들과 하늘의 악한 영들과 대적하여 씨름한다. 성경은 우리에게 인생의 영적 전투에서 승리하기 위해 주님의 힘찬 능력으로 굳세어지라고 권면한다 (엡 6:10). 우리는 하나님의 전신 갑주를 취하고 성령의 검, 곧 하나님의 말씀으로 항상 기도해야 한다. 모리스 셀룰로 박사는 대다수 그리스도인이 세상에 곧 다가올 거대한 영적 대결에 전혀 준비되지 않았다고 지적한다.

그러므로 하늘아 그리고 그 안에 사는 자들아 즐거워하여라. 그러나 땅과 바다는 화가 있다. 악마가 자기 때가 얼마 남지 않은 것을 알고 몹시 성이 나서 너희에게 내려갔기 때문이다. (계 12:12)

성령님은 예수 그리스도의 교회 다가올 영적 전쟁에 무방비 상태가 되도록 내버려 두지 않으시고 오히려 하나님을 경외하는 사람들에게 새로운 기름을 부어 준비시키시며 새 힘과 열정, 담대함을 주사 거룩한 공격의 선두에 서도록 도전하신다.

세례자 요한 때로부터 지금까지 하늘 나라는 힘을 떨치고 있다.
그리고 힘을 쓰는 사람들이 그것을 차지한다. (마 11:12)

당신은 최근에 전 세계적으로 영적 전쟁에 관한 책과 노래가 쏟아져 나오는 것을 알고 있는가? 성령님께서 지금 전 세계의 성령 충만한 성도들에게 어둠의 권세를 무찌르고 원수를 이기도록 영적 전쟁의 영감을 불어넣으신다.

영적 전쟁과 보호막

5 그런 다음에 주님께서는 시온 산의 모든 지역과 거기에 모인 회중 위에 낮에는 연기와 구름을 만드시고 밤에는 타오르는 불길로 빛을 만드셔서 예루살렘을 닫집처럼 덮어서 보호하실 것이다. 6 하나님께서는 예루살렘을 그의 영광으로 덮으셔서 한낮의 더위를 막는 그늘을 만드시고 예루살렘으로 폭풍과 비를 피하는 피신처가 되게 하실 것이다. (사 4:5-6)

영적 전쟁을 위해서 영적 보호막을 갖추는 것이 아주 중요하다. 영적 보호막이 없으면 원수의 맹렬한 공격에 해를 입기 쉽다. 많은 신자와 사역자가 삶과 사역을 보호해줄 보호막을 갖추지 못하여 전투 불능의 상태가 되었다. 원수는 항상 우리를 무력화시키려고 애쓴다. 영적 보호막이 없으면 우리는 원수가 공격하기 쉬운 표적이 된다. 출애굽기 26:1~14와 36: 8~19에서 우리는 성막을 덮는 네 개의 막^{LAYER}을 본다. 모든 신자는 하나님의 영이 거하시는 성막과 성전에 비유된다(롬 8:9; 고전 3:16; 6:19; 고후 6:16).

성전 덮개의 첫 번째 안쪽 막은 그룹의 모습을 공교하게 수놓은 **세마포**로 만든다. 세마포는 의로움^{RIGHTEOUSNESS}을 상징한다(계 19:8). 에베소서 6:14과 이사야 59:17에 따르면 의는 몸을 보호하는 호심경과 같다. "공의를 갑옷으로 입으시고"(사 59:17) 호심경은 심장과 폐, 위처럼 몸에서 중요한 기관을 보호하는 중요한 갑옷이다. 의로운 삶은 뚫리지 않는 견고한 갑옷과 같다. 예수님은 의로우시므로 이 세상의 임금, 사단은 예수님께 어떠한 권세도 없다(요 14:30, 요일 2:1). 하지만 삶과 행동에 의로움이 없는 그리스도인(특히 지도자)의 실패는 시간문제다! 그룹 천사는 하나님께서 우리에게 주시는 보호를 의미한다(시 34:7; 91:11). 천사들은 우리를 보호할 임무를 받았다. 신자가 의도적으로 죄짓고 회개하지 않으면 천사의 보호를 잃고 원수에게 쉽게 공격받는다. 하지만 신자가 회개하고 다시 하나님을 경외하면 천사의 보호가 회복되기도 한다.

덮개의 두 번째 막은 **염소 털**로 만드는데, 염소는 속죄 제물을 의미한다. 죄를 지은 사람이 즉시 죄를 고백하고 회개하지 않으면 참소하는 자 마귀가 공격할 약점이 된다(계 12:10). 겸손하고 회개하는 마음이 우리를 마귀의 많은 악한 술수에서 구원할 것이다.

8 우리가 죄가 없다고 말하면 우리는 자기를 속이는 것이요 진리가 우리 속에 없는 것입니다. 9 우리가 우리 죄를 자백하면 하나님은 신실하시고 의로우신 분이셔서 우리 죄를 용서하시고 모든 불의에서 우리를 깨끗하게 해주실 것입니다. (요일 1:8-9)

<u>덮개의 세 번째 막</u>은 붉게 염색한 **숫양 가죽**으로 만든다. 붉은색은 예수 그리스도의 희생(창 22:13)과 우리를 보호하시는 예수님의 보혈의 능력을 의미한다.

문틀에 피를 발랐으면 그것은 너희가 살고 있는 집의 표적이니 내가 이집트 땅을 칠 때에, 문설주에 피를 바른 집은 그 피를 보고 내가 너희를 치지 않고 넘어갈 터이니 너희는 재앙을 피하여 살아 남을 것이다. (출 12:13)

<u>덮개의 네 번째이자 바깥쪽 막</u>은 **해달 가죽**으로 만든다. 이 튼튼한 보호막은 성막을 광야의 악천후(비, 바람, 태양, 모래)에서 보호한다. 네 번째 막은 예수님을 향한 믿음에 비유된다. 에베소서 6:16은 "이 모든 것에 더하여 믿음의 방패를 손에 드십시오. 그것으로써 여러분은 악한 자가 쏘는 모든 불화살을 막아 꺼버릴 수 있을 것입니다."라고 말씀한다.

해달 가죽이 성막을 위한 바깥쪽 보호막이 되는 것처럼 고대 군인을 화살과 물맷돌, 창과 칼의 공격에서 보호하는 첫 번째 보호막은 방패였다. 사단은 욥의 소유물과 가족, 건강과 인격, 하나님과의 관계를 악의적으로 공격했지만, 하나님을 향한 욥의 방패 같은 믿음은 무너트릴 수 없었다. 다른 모든 것이 떠나갔을 때도 욥의 믿음이 승리했다(욥 13:15)! 욥은 고난의 용광로 속에서 극심한 연단을 받은 후 정금처럼 되었다(욥 23:10).

나는 성막에 네 보호막이 있었던 것처럼 우리도 완전한 보호를 위해 최소한 네 겹LAYER 이상의 영적 보호막이 있어야 한다고 생각한다. 보호막이 없으면 삶의 전쟁터에서 우리는 원수에게 쉽게 공격을 받기 때문에 의로움, 천사, 회개 및 어린양의 보혈 외에도 추가로 중요한 영적 보호막이 있어야 한다. 우리는 기도와 중보로 보호받으며 하나님께서 우리 위에 세우신 사람들에게 복종하고 맡은 일에 책임을 질 때 지도자의 보호를 받는다. 하나님의 임재도 강력한 방어 수단이다(시 91).

당신이 영적으로 잘 보호받고 있는지 확인하라. 이것이 당신의 모든 영역에 적용되는 중요한 '영적인 생명 보험' 이다! 영적인 보호막이 없거나 부분적인 보호를 받는 사람은 사단의 교묘한 거짓말에 쉽게 걸려 넘어지며, 쉽게 비참한 패배를 맛본다. 하나님이 우리를 위해 특별한 것을 약속하셨지만 우리 자신도 의로운 삶을 통해 영적인 책임을 감당해야 한다.

내 구원의 힘이신 주 하나님, 전쟁을 하는 날에 주님께서 내 머리에 투구를 씌워 보호해 주셨습니다. (시 140:7)

여호와 닛시

모세는 거기에 제단을 쌓고 그 곳 이름을 여호와닛시라 하고 (출 17:15)

마지막 때 성령님의 새로운 운행 하심으로 전 세계에서 여호와의 깃발이 높이 올려진다! 실제로 많은 교회가 예배 때 깃발을 만들어 사용한다. 하나님은 우리가 하나님께서 행하신 일을 깃발이라는 예언적 상징으로 기념하도록 도전하신다. 이런 예배의 깃발들은 예수님을 위한 찬양 축제와 행진에 점차 더 많이 사용될 것이다. 깃발은 오늘날 성령님의 차원 높은 역사 하심을 눈으로 볼 수 있도록 나타내는 예언적 표식^{SIGN}이다! 자연계에서와 마찬가지로 영적인 세계에서도 이런 일이 일어난다.

원수가 강물처럼 몰려 올 때, 주의 영이 일어나 깃발을 들고 원수를 물리치실 것이다. (사 59:19, 확대역 성경)

깃발은 분명한 의미가 있다. 악한 영들은 주님을 위한 깃발을 보고 자신의 심판과 형벌의 때가 가까이 왔음을 깨닫는다. 주님을 위한 깃발은 악한 영들을 공황 상태로 몰아넣는다!

그의 왕은 두려워서 달아나고 겁에 질린 그의 지휘관들은 부대기를 버리고 도망할 것이다. 시온에 불을 가지고 계시며 예루살렘에 화덕을 가지고 계신 주님께서 이렇게 말씀하셨다. (사 31:9)

나의 사랑 그대는 디르사처럼 어여쁘고 예루살렘처럼 곱고 깃발을 앞세운 군대처럼 장엄하구나. (아 6:4)

깃발은 어둠의 권세에 다음과 같은 의미를 전달한다.

1. 원수가 두려워하는 심판의 날이 점점 가까이 다가온다.
2. 영적 전투를 위해 주님의 강한 군대가 소집되었다.
3. 만군의 여호와께서 일어나셨다.
4. 여호와의 영이 악의 세력을 대적하시기로 하셨다.

깃발은 신자들에게 다음과 같은 의미를 전달한다.

1. 구원이 가까이 왔다(시 60:4-5).
2. 전쟁은 주님께 속한 것이다.
3. 우리는 승리할 것이다.
4. 하늘에 전쟁을 선포할 때다.
5. 깃발은 우리를 향한 하나님의 사랑을 의미한다(아 2:4).

영적 전쟁의 무기

우리가 육신을 입었다고 육적인 전쟁을 하는 것이 아니다. 우리의 씨름은 혈과 육이 아니라 정사와 권세와 이 어둠의 세상 주관자와 하늘의 악한 영을 상대하는 것이다. 우리의 무기는 사단의 견고한 진을 파쇄하는 하나님의 능력이다. 영적 전쟁에서 사용하는 무기는 다음과 같다.

1. 예수님의 이름 (빌 2:9-11)
2. 어린양의 보혈 (계 12:11)
3. 하나님의 말씀 (엡 6:17)
4. 기도 (엡 6:18)
5. 기름부음 (사 61:1-2)
6. 찬양과 예배 (시 149:6-9)
7. 믿음 (히 11:33-34)
8. 금식 (사 58:6)
9. 성령의 은사 (고전 12:1-11)
10. 방언 기도 (고전 14:15)

연합한 신자로 구성된 주님의 몸 된 교회가 성령님 안에서 영적인 무기를 사용하면 엄청난 하나님의 권능이 역사한다. 연합에는 분명하고 확실한 능력이 있다.

내가 [진정으로] 거듭 너희에게 말한다. 땅에서 너희 가운데 두 사람이 합심하여 무슨 일이든지 구하면, 하늘에 계신 내 아버지께서 그들에게 이루어 주실 것이다. (마 18:19)

그들 백 명이 너희 다섯 명에게 쫓기고, 그들 만 명이 너희 백 명에게 쫓길 것이다. 너희의 원수들이, 너희가 보는 앞에서 칼에 맞아 쓰러지고 말 것이다. (레 26:8)

다윗을 왕으로 세우시고 증언하여 이르시되 내가 이새의 아들 다윗을 만나니
내 마음에 맞는 사람이라 내 뜻을 다 이루리라 하시더니 (행 13:22)

CHAPTER 3

회복의 세대

The Restoration Generation

모든 것을 회복한 다윗
회복자 예수님
회개와 회복
시온의 회복
천사들의 사역의 회복
천사의 방문
건강과 재정의 회복
다양한 힘
부: 힘의 또다른 형태
파종과 추수의 원리
춤의 회복

모든 것을 회복한 다윗

시글락은 다윗이 사용한 기지 중 한 곳이다. 다윗과 용사들이 시글락에 멀리 있었을 때 아말렉 족속이 무방비 상태의 시글락에 침입하여 마을을 불사르고 모든 주민을 포로로 잡아갔다. 다윗은 시글락으로 돌아와 일어난 일을 보고 낙심했지만, 다윗이 하나님을 찾았을 때 하나님은 다윗에게 아말렉 족속을 추격할 용기와 모든 것을 실패 없이 회복할 것이라는 확신을 주셨다. 다윗과 용사들은 아말렉 족속을 맹렬하게 추격했고 하나님께서 말씀하신 대로 아말렉에게 빼앗겼던 모든 것을 되찾았다.

18 이리하여 다윗은 아말렉 사람에게 약탈당하였던 모든 것을 되찾았다. 두 아내도 되찾았다. 19 다윗의 부하들도 잃어버린 것을 모두 찾았다. 다윗은 어린 아이로부터 나이 많은 노인에 이르기까지 아들과 딸 그리고 전리품에서부터 아말렉 사람이 약탈하여 간 모든 것에 이르기까지 그 모든 것을 되찾았다.
(삼상 30:18-19)

다윗이 모든 것을 회복한 것처럼 다윗의 세대도 원수를 추격하여 회복하는 세대다. 우리는 교회를 향한 성령님의 통치권을 회복하기 위해 헌신한다. 교회에서 성령님의 은사와 직임, 표적과 권능이 회복되는 것을 보기 원한다. 마지막 때 하나님의 회복에는 예술과 음악, 영적인 지식, 재물이 포함된다.

회복자 예수님

이 예수는 영원 전부터 하나님이 자기의 거룩한 예언자들의 입을 빌어서 말씀하신 대로 만물을 회복하실 때까지 마땅히 하늘에 계실 것입니다. (행 3:21)

회복의 헬라어는 '아포카타스타시스' 인데, 이 단어는 사물을 이전 상태로 회복하는 것과 관련이 있다. 회복의 히브리어는 '슈브' 이며 의미는 '출발점으로 돌이키는 움직임', '되돌아가다' 또는 '돌이키다' 라는 의미가 있다. 아담과 하와는 하나님의 형상을 따라 창조되어 하나님과 친밀한 교제를 누리며 피조물을 다스릴 통치권을 받았지만, 범죄로 죄의식과 수치, 두려움이 들어와 하나님과의 친밀한 교제를 잃었으며 피조물을 다스릴 영적인 권세와 통치권도 상실했고 죄가 모든 인류에게 들어왔다. 하지만 하나님은 크신 자비와 사랑으로 타락한 인류에게 회복을 허락하셨다.

그러므로 땅 위에 사는 사람 가운데서 죽임을 당한 어린양의 생명책에 창세 때부터 이름이 기록되어 있지 않은 사람은 모두 그에게 경배할 것입니다. (계 13:8)

예수님께서 우리 죄를 위해 죽으심으로 회복의 위대한 사명을 완성하셨다. 예수님의 갈보리 대속은 우리가 하나님의 형상으로 회복할 기회다. 예수님께서 십자가 위에서 "다 이루었다" 라고 부르짖으신 것은, 하나님과의 화해와 완전한 회복을 위한 모든 것이 준비되었음을 의미한다. 십자가를 믿고 구원을 받아라!

다음 날 요한은 예수께서 자기에게 오시는 것을 보고 말하였다. 보시오 세상 죄를 지고 가는 하나님의 어린양입니다. (요 1:29)

그리스도께서 우리를 위하여 저주를 받은 사람이 되심으로써, 우리를 율법의 저주에서 속량해 주셨습니다. 기록된 바 나무에 달린 자는 모두 저주를 받은 자이다 하였기 때문입니다. (갈 3:13)

회개와 회복

내 영혼을 소생시키시고 자기 이름을 위하여 의의 길로 인도하시는도다. (시 23:3, 개정)

회복을 위한 첫 번째 필수 단계는 회개다. 회개는 우리를 하나님께 인도하고 새로운 삶의 길을 연다. 우리가 회개할 때 교만한 자를 물리치시고, 겸손한 사람에게 은혜를 베푸시는(벧전 5:5) 하나님께서 은혜를 주신다. 회개에는 사적, 공적 자백이 포함되기도 한다.

그러므로 여러분은 서로 죄를 고백하고 서로를 위하여 기도하십시오. 그러면 여러분은 낫게 될 것입니다. 의인이 간절히 비는 기도는 큰 효력을 냅니다. (약 5:16)

회개는 마음과 삶의 진정한 변화를 포함한다. 우리를 향한 하나님의 생각은 '그리하여 우리 모두가 하나님의 아들을 믿는 일과 아는 일에 하나가 되고 온전한 사람이 되어서 그리스도의 충만하심에 다다르는(엡 4:13)' 것이므로 즉각적이고 지속적인 회개를 통해 계속해서 삶을 점검하고 바로 잡아야 한다. 삶에서 그리스도를 닮지 않은 부분을 회개하며 하나님께 도움을 요청하자.

시온의 회복

성경에 기록된 시온^{ZION}은 다음의 의미가 있다.

1. 실제 존재한 지리적인 산^{HILL} (시 2:6)
2. 예루살렘 (삼하 5:6-9)
3. 교회, 하나님의 자녀 (히 12:22-23)
4. 천국 (계 14:1)

예레미야 애가서에서 예레미야 선지자는 황폐해진 시온을 생각하며 슬퍼한다. 한때 영광스럽고 아름다웠던 하나님의 도성 시온이 완전히 폐허가 된 것처럼 많은 교회가 원수의 공격으로 황폐해졌다. 하지만 이제 하나님께서 신약의 시온이자 교회인 신부를 회복하신다! 에스라서, 느헤미야서, 학개서는 회복을 주제로 한 책이다. 아래 표에 예레미야 애가서에 나타난 시온의 파괴와 다른 책에 나타난 시온의 회복을 비교했다.

3장 회복의 세대　67

시온의 파괴	시온의 회복
1. 외로움 (애 1:1)	1. 많은 인파/군중 (렘 31:8)
2. 노예 (애 1:1)	2. 자유 (렘 31:23)
3. 애통 (애 1:2)	3. 기쁨 (렘 31:13)
4. 위로해주는 사람이 없음 (애 1:2)	4. 위로자가 오심 (요 14:16)
5. 포로 됨 (애 1:3)	5. 자유 (시 126:1)
6. 차려진 만찬에 아무도 오지 않음 (애 1:4)	6. 하나님 앞에서 한 번 더 잔치함 (렘 31:12, 14)
7. 영광이 떠남 (애 1:6)	7. 신부의 단장 (사 61:10)
8. 벌거벗음과 수치 (애 1:8)	8. 구원의 옷과 의의 겉옷을 입힘 (사 61:10)
9. 선지자들이 묵시를 받지 못함 (애 2:9)	9. 자녀들이 장래 일을 말할 것이며 늙은이는 꿈을 꾸며 젊은이는 이상을 볼 것임 (욜 2:28)
10. 굵은 베를 허리에 두름 (애 2:10)	10. 아름다운 옷을 입음 (사 52:1)
11. 노래가 그침 (애 5:14)	11. 음악과 악기가 회복됨 (시 150)
12. 춤이 그침 (애 5:15)	12. 춤이 회복됨 (렘 31:4)
13. 머리에서 면류관이 떨어짐 (애 5:16)	13. 영광과 존귀로 관 씌우심 (히 2:7)
14. 마음이 피곤함 (애 5:17)	14. 회복 (사 61:3)
15. 눈이 어두워짐 (애 5:17)	15. 이상(Vision)을 봄 (욜 2:28)
16. 황폐해짐 (애 5:18)	16. 황무지가 없음 (사 62:4)

회복의 세대를 통해 하나님의 영이 충만한 교회의 예배는 강력한 자유와 축제 같은 찬양이라는 특징이 있으며 그 자유로움에 많은 사람이 몰려올 것이다. 이제 그리스도의 신부를 영적인 은사와

은혜로 무장하는 시대가 되었다. 지금까지 교회의 약한 부분이었던 은사 영역이 개발되어 많은 성도가 환상을 보고 예언하며 교회 안에 음악이 회복되고 주님 앞에서 춤추는 것이 예배의 일반적인 모습이 될 것이다. 많은 곳에서 부흥의 돌파가 있으며 하나님의 자녀들은 더 큰 영광을 경험할 것이다. 하나님은 교회의 모든 것을 회복하신다.

천사들의 사역의 회복

주님의 천사가 주님을 경외하는 사람을 둘러 진을 치고, 그들을 건져 주신다. (시 34:7)

성경에 기록한 것처럼 주님을 사랑하는 사람들의 삶에 임하는 천사^{ANGELIC}의 복된 간섭이 다윗의 세대에게 증가할 것이다. 성경에는 천사와 관련된 언급이 300번 정도 나오며 신약의 사도행전에도 천사의 활동이 많이 나온다(행 1:9-11; 5:17-20; 7:30, 35, 38; 8:26; 10:1-7, 22; 11:13; 12:5-7, 23; 27:23).

천사들의 활동 증가는 마지막 때에 일어날 마귀의 활동을 대적하는 역할을 한다(계 12:12). 우리는 거룩한 천사의 사역을 새롭게 이해해야 한다. 천사를 지나치게 숭배하거나 지나치게 경시하는 것 모두 주의해야 한다. 우리 교회의 예배에 몇 번 천사들의 초자연적인 방문과 나타남이 있었는데 이런 일이 일어날 때마다 예배가 매우 특별하고 영광스러웠다.

천사의 방문

나는 한 집회에서 성령님의 감동으로 이렇게 예언했다. "여러분이 눈을 뜬 상태에서 하나님의 영광을 볼 것입니다! 두 눈을 뜨고 하나님의 영광을 볼 것입니다!" 이 소리가 마치 가득 찬 그릇의 물이 흘러넘치듯 내 안에서 강하게 터져 나와 몇 번을 외쳤다. 그리고 2주 후, 이 일이 실제로 일어났다.

나를 포함한 약 10명이 싱가포르에서 열린 기름부음 충만한 세미나에 참여하고 돌아와 그날 저녁 중보자 집회를 섬기기 위해 곧장 교회로 왔다. 집회에서 하나님을 예배하자 점차 분위기가 고조되었으며, 하나님의 두렵고 거룩한 임재를 느껴졌다. 내 안에서 "우리가 거룩한 주님을 경외합니다."라는 말이 계속 흘러나왔다. 우리는 주님의 임재를 음미하며 깊은 경외감으로 계속 예배했다.

예배가 계속될수록 교회에 진한 기름부음이 가득했다. 나는 찬양이 끝나고 사람들에게 말씀을 전하려고 했지만, 곧 회중이 나에게 집중하지 못한다는 것을 알았다. 그렇다고 회중이 산만한 것은 아니었다. 몇몇 사람의 표정에서 놀라운 무엇인가를 경험하는 중이라는 것을 알 수 있었다. 회중 일부는 흥분해서 팔꿈치로 옆 사람을 쿡쿡 찌르며 귓속말로 대화했다. 그제야 나는 회중이 나를 보는 것이 아니라 내 뒤의 무대를 가리키는 것을 알았다.

내가 회중을 향해 혹시 천사들이 보이냐고 묻자, 그들은 고개를 끄덕였다. 더 이상 내가 계획한 것을 진행하는 것은 아무 의미가 없었다. 나는 회중을 향해 이 시간이 일반적인 기도 집회와 다르니 모두 강단 앞에 나와 무릎을 꿇고 기도하도록 권면하고 계속 예배했다. 교인 중 한 명인 크리스틴이 무대로 내려오는 천사를 보았다. 그녀는 재빨리 앞으로 나와 허락을 받고 흥분된 목소리로 자신이 본 것을 설명하기 시작했다. 크리스틴은 한 사람의 예배자마다 두 천사가 함께한다고 말하며 최대한 빠른 속도로 각 사람에게 천사들이 역사하는 모습을 해석해서 알려 주었다.

기도 집회가 끝나자마자 교인들은 흥분하면서 크리스틴이 보고 설명한 것이 실제 자신들이 경험했거나 아주 필요한 것이었음을 확증했다. 크리스틴이 허황한 말을 한 것이 아니라 천사들이 각 사람의 기도에 응답한 내용을 정확하게 설명한 것이다. 놀라운 것은 주님 외에는 누구도 집회에 참여한 회중 개개인의 개인적인 일을 알지 못했다는 점이다. 예를 들면 내 아내 아이린은 입술이 정결해지도록 기도했었는데, 크리스틴은 천사들이 아이린의 입술에 불타는 숯(사 6:5-7)을 가져다주는 천사를 보았다. 할렐루야!

크리스틴은 내가 강단에 무릎 꿇고 기도할 때 내 위에 두 벌의 예복이 놓인 것을 보았고 이 예복의 중요성을 해석해 주었다. 이 의복은 공의와 권위의 예복이었다. 나는 주님의 임재 안에서 내 마음을 쏟아 주님 가까이 머무는 은혜를 누렸다. 행복하게도 그날 밤, 천국이 우리에게 실제로 매우 가까이 있었다. 이런 특별한 일을 경험하면서 우리가 얼마나 흥분했을지 상상해 보라.

그날 저녁 나는 보통 때보다 세 시간 반 정도 더 늦은 밤 11시 30분쯤 집회를 마쳤다. 집회를 마치고 내가 교회를 떠날 때도 회중은 여전히 예배실에서 임재를 누리고 있었으며, 계속해서 천사들이 강단에 머물렀다고 알려 주었다. 내 아내는 다른 천사보다 더 큰 천사가 설교단 뒤에 선 것을 보았다. 다른 천사는 사람 같은 크기였지만, 그 천사의 키는 2.3미터가량 되었다. 그날 밤 약 8명의 교인이 눈을 뜬 상태로 천사를 보았다. 신기한 일이었다.

나는 집회가 끝나고 야식을 먹을 때에도 여전히 강력한 하나님의 임재와 기름부음을 느꼈으며 식당에 앉았을 때 임재로 말미암아 손에 소름이 돋았던 것을 똑똑히 기억한다. 우리의 전 존재가 각성하고 충전되어 활력이 넘쳐서 많은 사람이 이른 아침까지 잠들 수 없었다. 우리가 받은 놀라운 방문과 축복에 많은 찬양과 감사를 하나님께 올렸다.

건강과 재정의 회복

나를 사랑하는 사람에게는 내가 재물을 주어서 그의 금고가 가득 차게 하여 줄 것이다. (잠 8:21)

그러나 너의 자손을 종살이하게 한 그 나라를 내가 반드시 벌할 것이며 그 다음에 너의 자손이 재물을 많이 가지고 나올 것이다. (창 15:14)

그러나 주 당신들의 하나님이 당신들의 조상에게 맹세하신 그 언약을 이루시려고 오늘 이렇게 재산을 모으도록 당신들에게 힘을 주셨음을 당신들은 기억해야 합니다. (신 8:18)

성경이 말하는 모든 것의 회복에는 부와 형통함도 포함된다. 부와 형통의 가르침은 하나님의 말씀에서 근거를 두어야 한다. 성경에서 말하는 부와 형통의 가르침을 바르게 이해해야 재정의 파종과 추수를 시작할 수 있으며 교회와 사역자들도 재정과 자원이 더 풍성하게 풀어지는 것을 경험한다.

회복의 때에는 하나님께서 요셉에게 주셨던 재정을 모으고 관리하는 지혜가 필요하다. 요셉은 자기가 받은 계시를 근거로 7년의 풍년 때보다 7년의 흉년 때에 훨씬 더 큰 능력을 발휘했다. 하나님은 이 세상이 섬기는 맘몬[MAMMON]을 곧 심판하실 것이다. 이 세상의 경제와 화폐 체계(바벨론 체계)는 멸망을 향해 달려가며 결국 큰 충돌[BIG CRASH]이 불가피하다. 하나님은 자비로운 섭리로 이 세상에 속한 사람들을 돈이라는 거대한 우상 숭배에서 돌이키실 것이다.

11 그리고 세상의 상인들도 그 도시를 두고 울며 슬퍼할 것입니다. 이제는 그들의 상품을 살 사람이 하나도 없기 때문입니다. 12 그 상품이란 금과 은과 보석과 진주요 고운 모시와 자주 옷감과 비단과 붉은 옷감이요 각종 향나무와 각종 상아 기구와 값진 나무나 구리나 쇠나 대리석으로 만든 온갖 그릇이요 13 계피와

향료와 향과 몰약과 유향이요 포도주와 올리브 기름과 밀가루와 밀이요 소와 양과 말과 병거와 노예와 사람의 목숨입니다. 14 네가 마음 속으로 탐하던 실과가 네게서 사라지고 온갖 화려하고 찬란한 것들이 네게서 없어졌으니 다시는 아무도 그런 것들을 찾아볼 수 없을 것이다. 15 그 도시 때문에 부자가 된 이런 상품을 파는 상인들은 그 도시가 당하는 고문이 두려워서 멀리 서서 울며 슬퍼하면서 16 말하기를 화를 입었다. 화를 입었다. 고운 모시 옷과 자주색 옷과 빨간색 옷을 입고 금과 보석과 진주로 꾸민 큰 도시야 17 그렇게도 많던 재물이 한 순간에 잿더미가 되고 말았구나할 것입니다. 또 모든 선장과 선객과 선원과 바다에서 일하는 사람들도 다 멀리 서서 18 그 도시를 태우는 불의 연기를 보고 저렇게 큰 도시가 또 어디 있겠는가! 하고 외칠 것입니다. 19 그리고 그들은 머리에 먼지를 뿌리고 슬피 울면서 화를 입었다. 화를 입었다. 큰 도시야! 바다에 배를 가진 사람은 모두 그 도시의 값진 상품으로 부자가 되었건만 그것이 한 순간에 잿더미가 되고 말았구나! 하고 부르짖었습니다. (계 18:11-19)

우리에게 종말(다가올 '흉년'의 때)의 때를 대비하는 요셉의 예언적 지혜(부와 형통의 회복)가 있도록 기도하자!

37 바로와 모든 신하들은 이 제안을 좋게 여겼다. … 40 네가 나의 집을 다스리는 책임자가 되어라. 나의 모든 백성은 너의 명령

을 따를 것이다. … 48 요셉은 이집트 땅에서 일곱 해 동안 이어 간 풍년으로 생산된 모든 먹거리를 거두어들여, 여러 성읍에 저장해 두었다. … 49 요셉이 저장한 곡식의 양은 엄청나게 많아서 마치 바다의 모래와 같았다. 그 양이 셀 수 없을 만큼 많아져서 기록을 중단할 수밖에 없었다. … 54 온 세상에 기근이 들지 않은 나라가 없었으나, 이집트 온 땅에는 아직도 먹거리가 있었다. … 57 기근이 온 세상을 뒤덮고 있었으므로 다른 나라 사람들도 요셉에게서 곡식을 사려고 이집트로 왔다. (창 41:37-57)

다양한 힘

이 세상에는 다양한 힘이 존재한다. 지식도 힘이다. 지식을 바르게 사용하면 더 좋은 세상을 만들 수 있다. 우리는 '사람들의 힘'을 잘 안다. 정치, 경제 및 군사적 힘도 있다. 이 세상에는 힘과 대립하는 관계가 항상 존재한다. 위에서 언급한 형태의 힘은 우리의 삶에 어느 정도(혹은 어떤 사람들의 삶에서는 거의 완벽하게) 영향을 주고 우리를 제어한다. 이런 '자연적인' 형태의 힘 외에 영적인 힘(엡 6:12)도 있다. 모든 힘을 지배하는 최고의 힘은 하나님이시다! 하나님은 전능하시며 강력하시다!

부WEALTH : 힘의 또다른 형태

돈을 사랑하는 것은 모든 악의 근원이다(딤전 6:10). 돈 자체는 교환 수단으로 도덕적인 것과 관계가 없지만, 부가 우리의 상전이 될 수도 있고 우리가 부의 종이 될 수도 있다. 돈이 우리를 다스리면 우리는 돈의 종으로 전락하지만, 우리가 돈을 다스리면 돈은 우리와 다른 사람들에게 축복이 된다. 하나님께서 우리 손에 부를 주시는 것은 축복의 능력을 주시는 것이다. 부는 마지막 때, 영혼의 대추수를 위한 복음 전파에 필요하다.

재정의 풀림은 마지막 때 추수의 중요한 열쇠다. 하나님은 복음 전파의 속도를 올리기 위해 자녀들에게 막대한 재정을 풀어 주신다. 다윗의 세대는 세상의 흐름에 굴복하는 세대가 아니라 세상의 흐름을 거스르고 하나님의 흐름을 풀어놓는 세대다. 갈수록 선교를 강조하는 추세가 증가하고 더 많은 선교사가 헌신하는 것을 볼 것이다. 창세기에서 요셉은 7년의 풍년 때보다 7년의 흉년 때에 더 많은 능력을 발휘했다. 마지막 때를 사는 다윗의 세대는 세계의 경제 체계가 무너지고 흉년이 뒤따를 때 요셉처럼 더 큰 영향력을 발휘할 것이다. 이것이 바로 하나님께서 다윗의 세대에게 부와 형통을 회복하시는 주된 이유다.

파종과 추수의 원리

남에게 주어라. 그리하면 하나님께서도 너희에게 주실 것이니 되를 누르고 흔들어서 넘치도록 후하게 되어서 너희 품에 안겨 주실 것이다. 너희가 되질하여 주는 그 되로 너희에게 도로 되어서 주실 것이다. (눅 6:38)

땅이 있는 한 뿌리는 때와 거두는 때, 추위와 더위, 여름과 겨울, 낮과 밤이 그치지 아니할 것이다. (창 8:22)

하나님의 말씀에 근거해서 믿음으로 다른 사람에게 필요한 것을 공급한 많은 사람이 하나님께서 보상해 주시는 축복을 받았다고 간증한다! 나는 개인적으로 재정을 심고 갑절로 추수한 좋은 간증이 많다. 우리에게 돌아오는 축복은 재정에만 국한되지 않고 영적인 보호, 치유, 계시, 은총 또는 영혼의 형통함으로 나타나기도 한다. 우리는 현실과 상관없이 끊임없이 부족하다는 거짓 믿음과 두려움을 주는 가난의 영이 깨질 때까지 계속해서 주고 심어야 한다. 다윗 왕은 값을 치르지 않은 것은 하나님께 드리지 않았다.

그러나 왕은 아라우나에게 말하였다. 그렇게 해서는 안 되오. 내가 꼭 값을 지불하고서 사겠소. 내가 거저 얻은 것으로 주 나의 하나님께 번제를 드리지는 않겠소. 그래서 다윗은 은 쉰 세겔을 주고 그 타작 마당과 소를 샀다. (삼하 24:24)

2 나는 온 힘을 기울여 내 하나님의 성전을 지으려고 준비하였습니다. 곧 금기구들을 만들 금과 은기구들을 만들 은과 동기구들을 만들 동과 철기구들을 만들 철과 목재 기구들을 만들 목재와 마노와 박을 보석과 꾸밀 보석과 여러 색깔의 돌과 그 밖의 여러 보석과 대리석을 많이 준비하였습니다. 3 또 내가 하나님

의 성전을 사모하므로 내가 성전을 지으려고 준비한 이 모든 것 밖에 나에게 있는 금과 은도 내 하나님의 성전을 짓는 데에 바쳤습니다. (대상 29:2-3)

우리가 아낌없이 줄 때, 많은 일이 일어난다.

1. 주는^{GIVE} 은혜를 개발함 (고후 8:2)
2. 성도를 보살핌 (고후 8:4)
3. 심은 것을 그대로 거둠 (고후 8:6)
4. 부족한 사람에게 공급함 (고후 8:14)
5. 우리의 사랑을 증명함 (고후 8:24)
6. 우리를 향한 하나님의 은혜가 풍성함 (고후 9:8)
7. 하나님께서 심을 것을 주사 풍성하게 의의 열매를 더하심 (고후 9:10)
8. 하나님께 감사를 드리게 함 (고후 9:11-12)
9. 성도들의 부족한 것을 보충함 (고후 9:12)
10. 하나님께 영광을 돌림 (고후 9:13)
11. 선물을 준 사람에게서 기도와 축복을 받음 (고후 9:14)

앓는 사람을 고쳐 주며 죽은 사람을 살리며 나병 환자를 깨끗하게 하며 귀신을 쫓아내어라. 거저 받았으니 거저 주어라. (마 10:8)

춤의 회복

처녀 이스라엘아 내가 다시 너를 세우리니 네가 세움을 입을 것이요 네가 다시 소고를 들고 즐거워하는 자들과 함께 춤추며 나오리라. (렘 31:4, 개정)

그 때에는 처녀가 춤을 추며 기뻐하고 젊은이와 노인들이 함께 즐거워할 것이다. 내가 그들의 슬픔을 기쁨으로 바꾸어 놓고 그들을 위로하여 주겠다. 그들이 근심에서 벗어나서 기뻐할 것이다. (렘 31:13)

춤 추며 그의 이름을 찬양하며 소고와 수금으로 그를 찬양할지어다. (시 149:3, 개정)

소고 치며 춤 추어 찬양하며 현악과 퉁소로 찬양할지어다. (시 150:4, 개정)

어린아이는 뛰고 춤추며 자유롭게 표현할 줄 안다. 하나님도 우리가 아이들처럼 자연스럽고 생명으로 충만하기를 원하신다. 생명이 있으면 움직임이 있다. 생명과 자유는 춤으로 표현된다.

여러분의 시인 가운데 어떤 이들도 우리도 하나님의 자녀이다. 하고 말한 바와 같이 우리는 하나님 안에서 살고[LIVE] 움직이고[MOVE] 존재하고[BEING] 있습니다. (행 17:28)

전 세계의 교회에 춤이 회복되고 댄스팀이 회복된다. 기독교인들은 구경하는 예배에서 자기가 직접 표현하는 예배에 큰 관심이 있다. 춤의 회복은 마지막 때 영적 부흥과 추수의 또 다른 예언적 표징으로 우리에게 초막절을 알려준다. 히브리어 챠각^{CHAGGAG}은 잔치라는 의미이면서 동시에 춤이라는 의미도 있다. 초막절의 중요한 특징은 춤추며 즐거워하는 것이다.

> 주님께서는 내 통곡을 기쁨의 춤으로 바꾸어 주셨습니다. 나에게서 슬픔의 상복을 벗기시고 기쁨의 나들이옷을 갈아입히셨기에 (시 30:11)

> 첫날 너희는 좋은 나무에서 딴 열매를 가져 오고 또 종려나무 가지와 무성한 나뭇가지와 갯버들을 꺾어 들고 주 너희의 하나님 앞에서 이레 동안 절기를 즐겨라. (레 23:40)

마지막 때에 하나님은 춤으로 자녀들을 얽매는 속박과 두려움과 자기 연민에서 자유케 하신다. 하나님은 춤을 통해 사랑하는 자녀들을 영광스러운 자유로 이끄신다. 기름부은 무용가^{DANCER}들은 하나님의 생명과 자유를 풀어놓는다. 영적 풀어 놓음과 표현은 압박과 속박을 주는 악한 영에 직접 맞서는 좋은 영적 전쟁이다.

춤으로 기름부음을 표현하면 억눌리고 묶인 사람이 자유롭게 된다. 춤으로 믿음과 기름부음을 표현하면서 교회 예배의 전체적인 분위기를 바꾸기도 한다. 교회에서 춤을 예배의 한 표현으로 인정하고 격려하면 더 많은 축복과 자유와 즐거움을 경험할 것이다. 춤은 몸으로 표현하는 언어$^{BODY\ LANGUAGE}$로서 강력한 시각적 의사소통 수단이다. 우리는 세상에서 특정한 움직임과 몸짓으로 어떻게 음란함을 전달하는지 다양한 매체를 통해 보고 있다. 반면에 적절한 움직임으로 하나님을 향한 찬양과 예배와 사랑과 즐거움을 표현할 수도 있다.

> 당신들은 마음을 다하고 뜻을 다하고 힘을 다하여 주 당신들의 하나님을 사랑하십시오. (신 6:5)

우리는 전 존재(영혼육)로 하나님을 사랑해야 한다. 춤은 우리의 전 존재로 하나님을 향한 사랑을 표현하는 좋은 방법이다. 미술가들은 색으로, 음악가들은 악기와 음성으로, 무용가들은 움직임으로 예배를 표현한다. 춤에는 다음과 같은 많은 유형이 있다.

1. 승리와 구원의 춤 (출 15:20)
2. 하나님 앞에서의 춤 (삼하 6:14)
3. 축제의 춤 (삿 21:19-21)
4. 기쁨의 춤 (렘 31:13)
5. 예배의 춤 (시 149:3)
6. 전쟁의 춤 (사 30:32)

7. 예언적 춤 (삼상 18:7)
8. 사회적/문화적 춤 (욥 21:11)

하나님 아버지께서는 영과 진리로 예배하는 사람들을 찾으신다. 춤은 인격의 표현이다. 무용가는 먼저 주님과 자신의 관계를 깊고, 일관되게 유지해야 한다. 춤의 기술은 그다음 문제다. 춤은 신체의 움직임을 사용하기 때문에 춤으로 하나님을 예배하는 적절한 기준을 정하고 지켜야 한다. 다음 사항에 각자의 교회에 맞는 요소를 포함해 보라.

1. 옷차림이 단정해야 한다. 거룩하지 않은 그림이나 민소매 블라우스, 짧게 달라붙는 치마, 목둘레가 파인 옷처럼 회중의 관심을 빼앗는 옷차림은 피하라.
2. 적절한 움직임을 사용하라. 성경에 특정하게 정의된 움직임은 없지만, 도발적이고 성적이며 무용가의 몸매에 시선을 끄는 움직임은 피해야 한다.
3. 무용가 스스로 예배자가 되어야 하며 개인적인 경건 훈련을 해야 한다.
4. 자신의 교회에 신실하게 헌신해야 한다.
5. 교회의 지도자들에게 순종해야 한다.
6. 개인 혹은 팀 연습을 위해 시간과 투자해야 한다 한다.

다윗을 왕으로 세우시고 증언하여 이르시되 내가 이새의 아들 다윗을 만나니
내 마음에 맞는 사람이라 내 뜻을 다 이루리라 하시더니 (행 13:22)

CHAPTER 4

예언적인 세대

The Prophetic Generation

선지자 다윗
선지자와 파수꾼과 나팔
성경에 나오는 선지자들
고독의 축복
선지자와 독수리
독수리의 눈
천상의 처소
예언의 가치
다양한 방법으로 말씀하시는 하나님

선지자 다윗

29 형제들아 내가 조상 다윗에 대하여 담대히 말할 수 있노니 다윗이 죽어 장사되어 그 묘가 오늘까지 우리 중에 있도다 30 <u>그는 선지자라</u> 하나님이 이미 맹세하사 그 자손 중에서 한 사람을 그 위에 앉게 하리라 하심을 알고』 (행 2:29-30)

형제자매 여러분 예수를 잡아간 사람들의 앞잡이가 된 유다에 관하여 성령이 <u>다윗의 입을 빌어 미리 말씀하신</u> 그 성경 말씀이 마땅히 이루어져야만 하였습니다. (행 1:16)

주님의 영이 나를 통하여 말씀하시니, 그의 말씀이 나의 혀에 담겼다. (삼하 23:2)

엘리야, 엘리사, 이사야, 예레미야, 에스겔 등은 우리에게 익숙한 구약의 선지자들이다. 그런데, 어쩌면 당신에게 익숙하지 않겠지만 다윗도 선지자였다. 다윗은 성경의 위대한 선지자 중 한 명으로 다윗이 기록한 시편에는 예언의 말씀이 풍성하게 기록되어 있다. 특히 메시아 예언은 놀라울 정도로 자세한데, 대표적인 예가 시편 22편이다. 다윗은 200구절이 넘는 예언을 기록했으며 구약 시대에는 오직 선지자만이 다윗이 받은 것처럼 엄청난 양의 상세한 예언적 계시를 받을 수 있었다. 다윗의 일생에 예언적 기름부음이 상당히 많이 나타난다.

여호와의 영이 다윗에게 임했으며(삼상 16:13) 하나님은 언제나 다윗과 함께 하셨다(삼상 16:18; 18:12, 14, 28; 삼하 5:10; 7:9). 다윗은 하나님께 물어보는 좋은 습관(삼상 23:2, 4; 30:8; 삼하 5:19, 23)이 있었다. 하나님의 음성을 구하는 것은 선지자의 중요한 기본자세 중의 하나이며 선지자 다윗의 중요한 단서다.

선지자 다윗처럼 **다윗의 세대는 예언적인 세대다**. 다윗의 세대를 통해 예언적 사역들이 이전에 볼 수 없었던 강도와 규모로 교회에 회복된다. 진실로 우리는 선지자들의 권능을 다시 볼 것이다. 사무엘과 엘리야와 엘리사의 삶에 나타났던 예언적 직임의 초자연적 능력이 다윗의 세대를 통해 나타날 것이다. 마지막 때의 교회는 예언적인 교회다. 하나님이 운행하시는 흐름을 타는 사람들은 예언적인 사람들이며 예언적인 세대가 된다.

그 날에 나는 내 영을 내 남종들과 내 여종들에게도 부어 주겠으니 그들도 예언을 할 것이다. (행 2:18)

선지자와 파수꾼과 나팔

목소리를 크게 내어 힘껏 외쳐라. 주저하지 말아라. 너의 목소리를 나팔 소리처럼 높여서 나의 백성에게 그들의 허물을 알리고 야곱의 집에 그들의 죄를 알려라. (사 58:1)

성경에 나오는 나팔은 주로 은 나팔과 양의 뿔로 만든 쇼파르 SHOPHAR라는 두 종류다. 나팔은 크고 뚜렷한 소리를 내기 때문에 멀리서도 들을 수 있었다. 민수기 10장에 나팔의 용도가 나온다.

1. 지도자들과 회중 모임의 소집할 때 (민 10:2-7)
2. 진영CAMP의 이동을 지시할 때 (민 10:2, 5, 6)
3. 전쟁 중에 하나님의 도움을 요청할 때 (민 10:9)
4. 정한 절기와 초하루에 (민 10:10)

성경에서 나팔은 예언의 말씀을 상징한다. 어떤 사람들은 예언의 말씀이 달콤하고 감미롭기를 원하지만, 종종 요란하게 울리는 경적처럼 잠자는 양심을 뒤흔드는 갑작스러운 경고로 사람들의 마음속 죄를 깨닫게 하는 예도 있다. 물론 신약의 예언 사역이 항상 구약의 예언 사역처럼 공개적인 죄의 지적과 책망을 의미한다는 것은 아니다. 선지자들이 말할 때 그 음성이 귀에 크게 들리지 않아도 듣는 사람의 마음에는 천둥처럼 울린다. 예언의 말씀은 '주님께서 말씀하시는' 권세가 있기 때문이다.

이제는 주님을 말하지 않겠다, 다시는 주님의 이름으로 외치지 않겠다하고 결심하여 보지만 그 때마다 주님의 말씀이 나의 심장 속에서 불처럼 타올라 뼛속에까지 타들어 가니 나는 견디다 못해 그만 항복하고 맙니다. (렘 20:9)

선지자의 마음에는 성도들을 정결하고 온전하게 하려는 불타는 열정과 열심이 있어서 악한 것과 불의한 것을 향해 담대하게 선포하고 예언한다.

14 그는 성전 뜰에서 소와 양과 비둘기를 파는 사람들과 돈 바꾸어 주는 사람들이 앉아 있는 것을 보시고 15 노끈으로 채찍을 만들어 양과 소와 함께 그들을 모두 성전에서 내쫓으시고 돈 바꾸어 주는 사람들의 돈을 쏟아 버리시고 상을 둘러 엎으셨다. 16 비둘기 파는 사람들에게는 이것을 걷어치워라. 내 아버지의 집을 장사하는 집으로 만들지 말아라하고 말씀하셨다. 17 제자들은 주님의 집을 생각하는 열정이 나를 삼킬 것이다하고 기록한 성경 말씀을 기억하였다. (요 2:14-17)

선지자의 예언적 사역은 사람들에게 아주 좋은 반응이나 강력한 반발을 받을 정도의 정확성이 있어서 사람들은 선지자가 선포할 때 "저 사람이 또 나 들으라고 말하는구나."라고 생각하는 경향이 있다. 거절과 배척은 선지자의 숙명이다. 성경을 보면 많은 선지자가 침묵을 강요받고 박해받으며 죽임당했다.

54 그들은 이 말을 듣고 격분해서 스데반에게 이를 갈았다. 55 그런데 스데반이 성령이 충만하여 하늘을 쳐다보니 하나님의 영광이 보이고 예수께서 하나님의 오른쪽에 서 계신 것이 보였

다. 56 그래서 그는 보십시오, 하늘이 열려 있고 하나님의 오른쪽에 인자가 서 계신 것이 보입니다.하고 말하였다. 57 사람들은 귀를 막고 큰 소리를 지르고서 일제히 스데반에게 달려들어 58 그를 성 바깥으로 끌어내서 돌로 쳤다. 중인들은 옷을 벗어서 사울이라는 청년의 발 앞에 두었다. (행 7:54-58)

하나님의 나팔, 예언적인 사역자들은 회개와 회복을 외치며 사람들에게 영적인 위험과 우상을 섬기는 죄와 신앙의 타협을 경고한다. 그리스도의 몸 된 교회의 죄와 불의를 증언하는 것이 선지자의 '부담' 이다. 선지자는 자신의 평판과 인기와 상관없이 더럽혀지지 않은 순전한 신부를 그리스도께 드리려는 열심이 있다.

나는 하나님께서 보여주신 열렬한 관심으로 여러분을 두고 몹시 마음을 씁니다. 나는 여러분을 순결한 처녀로 그리스도께 드리려고 여러분을 한 분 남편 되실 그리스도와 약혼시켰습니다. (고후 11:2)

성경을 보면 도시의 파수꾼들이 정해진 순번을 따라 밤낮으로 파수하는 모습이 나온다. 파수꾼들은 높은 성벽 위에 전략적으로 세워진 망루에 나팔을 들고 배치된다. 파수꾼은 임무는 누구보다 먼저 원수의 침입과 위험을 탐지하고 나팔을 불어 사람들에게 위험을 알리는 것이다.

6 그러나 만일 그 파수꾼이 적군이 가까이 오는 것을 보고서도 나팔을 불지 않아서 그 백성이 경고를 받지 못하고 적군이 이르러 그들 가운데 어떤 사람을 덮쳤다면 죽은 사람은 자신의 죄 때문에 죽은 것이지만 그 사람이 죽은 책임은 내가 파수꾼에게 묻겠다. 7 너 사람아, 내가 너를 이스라엘 족속의 파수꾼으로 세웠다. 그러므로 너는 내가 하는 말을 듣고 나를 대신하여 그들에게 경고하여라. (겔 33:6-7)

선지자는 파수꾼과 비교된다. 일반적인 사람보다 더 많은 평정심과 예리함을 갖춘 사람들은 원수의 공격을 먼저 탐지하고 알아챈다. 예를 들면 엘리사 선지자는 하나님께 받은 계시로 아람 왕의 습격을 무산시켰다.

8 시리아 왕이 이스라엘과 전쟁을 하고 있던 무렵이다. 그가 신하들과 은밀하게 의논하며 이러이러한 곳에 진을 치자고 말하였다. 9 그러자 하나님의 사람이 이스라엘 왕에게 사람을 보내어 시리아 사람들이 거기에 진을 칠 곳이 이러이러한 지역이니 그 곳으로 지나가는 것은 삼가라고 말하였다. 10 이러한 전갈을 받은 이스라엘 왕은 하나님의 사람이 자신에게 말한 그 곳에 사람을 보내어 그 곳을 엄하게 경계하도록 하였다. 그와 같이 경계한 일이 한두 번이 아니었다. (왕하 6:8-10)

아람 왕은 자신의 계획이 실패하자 분노해서 도단에 있던 엘리사를 잡기 위해 많은 군사를 보내지만, 이 시도도 실패한다. 초자연적인 은사와 영적인 경계심을 가진 선지자들은 어둠의 세력에 큰 위협이다. 선지자들과 예언적인 사람들은 하나님의 뜻을 속이고 세상과 타협하는 유혹과 시험과 위험을 조기에 알아내므로 원수의 주된 공격 목표가 되곤 한다. 나팔은 이스라엘 백성의 광야 여정에서 진영의 이동을 지시하는 데 사용했다. 선지자들은 하나님의 음성이다. 이들은 하나님의 새로운 역사 하심에 앞서 보내진다. 세례 요한이 예수님의 길을 예비하도록 보내진 것처럼 선지자와 예언적인 사람들은 특별한 영적인 계절에 하나님께서 행하실 일들을 위해 사람들이 예비하도록 도움을 준다.

한 소리가 외친다. 광야에 주님께서 오실 길을 닦아라. 사막에 우리의 하나님께서 오실 큰길을 곧게 내어라. (사 40:3)

과거에는 선지자들과 예언적인 사람이 드물었지만, 지금은 많은 사람이 하나님의 음성을 듣고 하나님의 마음을 받는다. 지금 우리가 목격하는 예언적인 부흥은 전에는 없던 것이다. 주님의 길을 예비하도록 예언적인 큰 무리가 파송되었으며 이들의 숫자는 수천, 수만 명에 이른다. 마지막 때에 이들은 성령님께서 역사하실 길을 예비하도록 파송되었다. 선지자들과 예언적인 사람들은 교회가 가야 할 길을 알려주고 바른 방향으로 움직이도록 돕는다.

성경에 나오는 다양한 선지자들

17 하나님께서 말씀하신다. 마지막 날에 나는 내 영을 모든 사람에게 부어 주겠다. 너희의 아들들과 너희의 딸들은 예언을 하고 너희의 젊은이들은 환상을 보고 너희의 늙은이들은 꿈을 꿀 것이다. 18 그 날에 나는 내 영을 내 남종들과 내 여종들에게도 부어 주겠으니 그들도 예언을 할 것이다. (행 2:17-18)

하나님은 궁극적인 구원의 목적을 성취하시려고 다양한 선지자를 세우셨다. 서로 다른 단계의 성숙함으로 세워진 선지자들은 다양한 기름부음과 예언적 흐름으로 활동한다.

1. 나바^{NABA} : 즉흥적인 선지자 - 학개
2. 로에$^{RO-EH}$: 보는 선지자 - 사무엘, 에스겔, 갓
3. 사사 선지자 - 드보라, 사무엘
4. 서기관(낭독하고 가르치는) 선지자 - 나단, 갓
5. 음악가 선지자 - 그나냐, 다윗
6. 정치가 선지자 - 다니엘, 이사야, 나단
7. 전도자 선지자 - 이사야
8. 눈물의(중보) 선지자 - 예레미야
9. 능력의 선지자 - 엘리야, 엘리사
10. 사도적 선지자 - 모세, 사무엘

고독의 축복

아기는 자라서 심령이 굳세어졌다. 그는 이스라엘 백성 앞에 나타나는 날까지 광야에서 살았다. (눅 1:80)

종종 독수리는 예언적인 사람과 예언적인 사역을 의미한다. 큰 독수리는 홀로 난다. 독수리 같은 그리스도인은 고독을 소중하게 여긴다. 엘리야는 갈멜산 꼭대기에 혼자 올라갔다. 예수님은 자주 한적한 장소를 찾으셨고 세례 요한은 광야에서 홀로 살았다. 선지자는 공개적으로 나서야 할 때와 군중에게서 물러나야 할 때를 안다. 종종 구약의 선지자는 비범한 영적 성향 때문에 반사회적인 사람으로 오해받곤 했다.

선지자는 자연 세계와 영적인 세계에 동시에 살면서 하나님께 귀를 기울인다. 삶의 모든 분주함과 번잡함은 선지자의 마음을 심란하게 만들기 때문에 선지자는 주님과 독대하기 위해 많은 시간을 투자한다. 그래서 선지자는 하나님의 음성을 듣기 위해 자신의 영혼을 미세하게 조정하고, 마음을 정하여 균형을 잡도록 기도하며 기다리는 시간을 위해 혼자 있는 것을 좋아한다. 일체의 간섭과 방해가 사라진 환경에서 선지자는 예민한 상태를 유지하면서 하나님의 마음을 받을 준비를 한다.

오히려 내 마음은 고요하고 평온합니다. 젖뗀 아이가 어머니 품에 안겨 있듯이 내 영혼도 젖뗀 아이와 같습니다. (시 131:2)

선지자와 독수리

독수리는 새들의 왕이다. 하늘에 높이 떠서 우아하고 당당하게 날개를 활짝 펴고 활공하는 독수리의 모습은 매력적이다. 독수리의 속성과 삶의 방식을 관찰하면 선지자 사역의 교훈을 얻는다.

18 기이한 일이 셋, 내가 정말 이해할 수 없는 일이 넷이 있으니 19 곧 독수리가 하늘을 날아간 자취와 뱀이 바위 위로 지나간 자취와 바다 위로 배가 지나간 자취와 남자가 여자와 함께 하였던 자취이다. (잠 30:18-19)

독수리는 인내심으로 지혜롭게 기다리면서 바람의 힘으로 활공하는 최적의 순간을 안다. 나는 독수리가 날갯짓 없이 오랜 시간 하늘 높이 떠 있는 것을 본 적이 있다. 독수리는 부산스럽게 날개를 퍼덕이며 힘을 낭비하지 않고 효율적으로 힘을 사용한다. 또 독수리는 단순히 나는 것이 아니라 높이 날아오른다. 우리는 바람을 볼 수 없고, 그 효과를 느낄 뿐이지만 독수리는 바람의 방향과 흐름과 속도를 읽고 이해한다.

다윗의 세대, 예언적 세대는 독수리와 같다. 이들은 주님을 기다리는 비밀을 배워서 하나님의 영과 함께 움직이는 적절하고 정확한 시간을 아는 능력이 있다. 이들은 성령님의 방법과 흐름을 타는 법을 잘 배우고 이해한다. 선지자들은 육신에서 나오는 일에 애쓰면서 자신을 소모하지 않으면서 성령님 안에서 움직이고 성령님의 능력을 힘입어 수월하게 사역한다. 성숙한 선지자는 성령님의 아주 미세한 감동도 감지한다.

독수리의 눈

독수리의 눈에는 독특하고 비범한 두 겹의 눈꺼풀이 있다. 한 겹은 고속으로 하강하는 동안 눈을 보호하고 다른 한 겹은 강한 바람과 작렬하는 태양에서 눈을 보호한다. 독수리의 눈 근육은 튼튼하고 멀리 있는 물체를 보는 능력이 뛰어나서 높은 하늘에서도 매우 먼 거리의 작은 물체도 볼 수 있다. 독수리의 시각 너비는 최대 275도다. 예언적 세대는 탁월한 통찰력이 있다. 다윗의 세대 - 예언적 세대는 자연계를 초월하여 영계를 볼 것이다. 이들은 환상과 천사와 성령님의 운행하심과 멀리 떨어진 장소의 비밀스러운 일들을 보며, 어떤 일이 일어나기 전에 그 내용을 예언할 것이다. 예언적 세대의 초점은 믿음의 시작이며 끝이신 주님께 맞춰져서 주님을 더욱 깊이 닮을 것이다.

우리는 모두 너울을 벗어버리고 주님의 영광을 바라봅니다. 이렇게 해서 우리는 주님과 같은 모습으로 변화하여 점점 더 큰 영광에 이르게 됩니다. 이것은 영이신 주님께서 하시는 일입니다.

(고후 3:18)

독수리의 눈은 담대하며 날카롭게 꿰뚫어 본다. 예언적 세대는 담대한 세대다. 이 담대함은 하나님의 계시를 받은 결과로 나타난다. 예언적 세대는 '아는KNOW' 사람들이다. 때때로 선지자들의 인상이 날카롭고 거칠어 보이기도 하는데, 이것은 선지자들 안에 하나님의 불이 그들의 눈을 통해 드러나기 때문이다. 선지자들은 성도들을 온전히 세우고 정결하게 하려는 불타는 갈망이 있다.

환상을 보는 선지자들은 하나님의 궁극적인 목적을 보기 때문에 하나님의 영광을 막는 것을 그냥 넘어가지 못한다. 선지자들의 한 가지 부담이자 종종 반복되는 주제는 하나님의 사람들을 하나님의 목적으로 돌이키는 것이다. 예레미야서에만 '돌이키다' 라는 단어가 111회 나온다. 선지자는 교회가 '하나님의 패턴' 으로 돌이킬 때까지 호소하고 권면한다. 독수리의 꿰뚫어 보는 눈처럼 예언적 세대는 분별력으로 거짓을 꿰뚫어 볼 것이다.

이스라엘아 정말로 네가 돌아오려거든 어서 나에게로 돌아오너라. 나 주의 말이다. 내가 싫어하는 그 역겨운 우상들을 내가 보는 앞에서 버려라. 네 마음이 흔들리지 않게 하여라. (렘 4:1)

너희 변절한 자녀들아 내가 너희의 변절한 마음을 고쳐 줄 터이니 나에게로 돌아오너라. 우리가 지금 주님께 돌아옵니다. 주님만이 주 우리의 하나님이십니다. (렘 3:22)

천상의 처소

그 뒤에 내가 보니 하늘에 문이 하나 열려 있었습니다. 그리고 전에 내가 들은 그 음성 곧 나팔 소리와 같이 나에게 들린 그 음성이 이리로 올라오너라. 이 뒤에 일어나야 할 일들을 너에게 보여 주겠다하고 말하였습니다. (계 4:1)

하나님께서 그리스도 예수 안에서 우리를 그분과 함께 살리시고 하늘에 함께 앉게 하셨습니다. (엡 2:6)

독수리는 높이 난다. 루펠 독수리는 가장 높이 나는 새로 알려져 있다. 이런 장점을 사용하여 독수리는 수평선 너머까지 볼 수 있으며 전경을 한눈에 보는 시야가 있으므로 다른 새나 피조물이 볼 수 없는 풍경을 즐기고 사물을 관찰한다. 예언적 세대는 평범한 삶이나 예배에 안주하지 않으며 더 높은 차원을 갈망하고 하나님의 영광을 위한 탁월함을 추구한다. 예언적 세대는 그리스도와 하나님의 관점을 배워서 하나님의 목적을 더 넓고 더 깊게 이해할 것이다. 예언적 세대는 하나님의 모든 충만으로 충만해지기를 간구하는 사람들이다.

지식을 초월하는 그리스도의 사랑을 알게 되기를 빕니다. 그리하여 하나님의 온갖 충만하심으로 여러분이 충만하여지기를 바랍니다. (엡 3:19)

예언의 가치

예언은 본질적으로 하나님의 말씀을 그대로 전하는 것이다! "왕의 말은 권능이 있나니"(전 8:4) 예언은 이런 능력이 있다.

1. 권면하고 힘을 줌 (대하 15:8)
2. 덕을 세움 (고전 14:3)
3. 방향을 지시함 (삼상 10:2-8)
4. 섬길 사역을 찾는 데 도움을 줌 (행 13:1-4)
5. 확증 (삼상 10:1-9)
6. 경고 (행 21:10-11)
7. 원수 계획을 폭로함 (왕하 6:8-12)
8. 선한 싸움을 싸우는 데 도움을 줌 (딤전 1:18)
9. 기적을 풀어놓음 (왕하 3:16-20)
10. 대언 FORTH-TELL (왕하 13:14-19)
11. 미리 말함 FORE-TELL (왕하 7:1, 16)
12. 사람의 정신과 태도를 변화시킴 (삼상 10:6)

다양한 방법으로 말씀하시는 하나님

하나님은 다양한 방법으로 우리에게 말씀하신다. 그 중 몇 가지를 소개한다.

사실은 하나님이 말씀을 하시고 또 하신다고 하더라도, 사람이 그 말씀에 주의를 기울이지 못할 뿐입니다. (욥 33:14)

하나님께서 옛날에는 예언자들을 통하여 여러 번에 걸쳐 여러 가지 방법으로 우리 조상들에게 말씀하셨으나 (히 1:1)

1. 모든 성경

하나님은 성경으로 말씀하신다. 하나님의 말씀은 변함이 없으며 성령님의 영감으로 기록되고 확립되었다. 성경에 하나님의 거룩한 율법과 영원한 원리와 권고가 있다. 하나님의 말씀은 모든 것을 판단하는 기준이 되는 거룩한 표준이며 진리이다.

모든 성경은 하나님의 영감으로 된 것으로서 교훈과 책망과 바르게 함과 의로 교육하기에 유익합니다. (딤후 3:16)

2. 우리를 일깨우는 특정한 말씀

우리가 성경을 읽고 깊이 묵상할 때 성령님께서 성경의 특별한 구절이나 단어로 우리의 마음을 감동하신다.

그 때에 예수께서는 성경을 깨닫게 하시려고 그들의 마음을 열어 주시고 (눅 24:45)

3. 오중 사역 FIVE-FOLD MINISTRIES

하나님은 목사나 예언적인 사람들을 통해서만 말씀하시는 것이 아니라 다양한 사람, 다양한 사역을 통해 말씀하신다.

4. 부드럽고 조용한 세미한 음성

하나님의 음성은 부드럽고 조용한 속삭임으로 임하기도 한다. 주님의 세미한 음성을 들으려면 성령님 안에서 잠잠하라.

12 그 바람이 지나가고 난 뒤에 지진이 일었지만 그 지진 속에도 주님께서 계시지 않았다. 지진이 지나가고 난 뒤에 불이 났지만 그 불 속에도 주님께서 계시지 않았다. 그 불이 난 뒤에 부드럽고 조용한 소리가 들렸다. 13 엘리야는 그 소리를 듣고서 외투 자락으로 얼굴을 감싸고 나가서 동굴 어귀에 섰다. 바로 그 때에 그에게 소리가 들려 왔다. 엘리야야 너는 여기에서 무엇을 하고 있느냐 (왕상 19:12-13)

5. 내적 증거

성령님께서 우리 내면에 '예' 나 '아니오' 라는 옳고 그름으로 경고나 격려를 주신다.

그리고 성령도 우리에게 증언하여 주십니다. 먼저 이렇게 말씀하셨습니다. (히 10:15)

6. 노래

성령님께서 우리에게 노래의 가사로 말씀하시기도 한다.

"나를 지으신 하나님 … 밤에 노래를 주시는 자…" (욥 35:10)

7. 인상 IMPRESSION

때로는 그 인상이 강할 수도 있고 약할 수도 있으며 이미지로 다가올 수도 있다.

이 사람이 바울이 말하는 것을 들었다. 바울은 그를 똑바로 바라보고 고침을 받을 만한 믿음이 그에게 있는 것을 알고는 (행 14:9)

8. 영의 풀림 또는 제지

당신이 바른 방향으로 움직이면 성령님은 내적 풀림을 주신다. 그러나 그렇지 않을 때는 제지하실 수도 있다. 모든 일을 하기에 앞서 영적인 흐름을 확인하라.

6 아시아에서 말씀을 전하는 것을 성령이 막으시므로 그들은 브루기아와 갈라디아 지방을 거쳐가서 7 무시아 가까이 이르러서 비두니아로 들어가려고 하였으나 예수의 영이 그것을 허락하지 않으셨다. (행 16:6-7)

9. 즉흥적인 생각

하나님의 말씀이 즉흥적인 생각으로 떠오르기도 한다. 하지만 떠오르는 모든 생각을 신뢰해서는 안 되며 분별해야 한다. 성령님 안에서 새로워진 마음은 오류를 방지하는 안전장치이므로 더욱더 성령님의 충만을 구하라.

10. 레마 RHEMA

레마는 '기록된 말씀에서 나오는 살아 있는 말씀'이다. 레마는 특정한 시간과 목적을 위해 주어진다. 어떤 경우에는 단어가 아니라 하나의 주제가 주어지기도 한다.

13 그러나 그분 곧 진리의 영이 오시면 그가 너희를 모든 진리 가운데로 인도하실 것이다. 그는 자기 마음대로 말씀하지 않으시고 듣는 것만 일러주실 것이요 앞으로 올 일들을 너희에게 알려 주실 것이다. 14 또 그는 나를 영광되게 하실 것이다. 그가 나의 것을 받아서 너희에게 알려 주실 것이기 때문이다. (요 16:13-14)

11. 신체 일부가 민감해짐

특정 질병에 관한 지식의 말씀이 부분적인 욱신거림이나 따뜻한 느낌 또는 심한 고통의 형태로 나타나기도 한다. 이런 지식의 말씀을 받으려면 우리의 몸을 성령님께 내어 드려야 한다.

12. 꿈

우리가 꾸는 꿈 대부분이 기억에 저장된 자료가 복잡하게 얽혀서 구성된 결과다. "걱정이 많으면 꿈이 생기고"(전 5:3). 그러므로 좋은 꿈을 꾸기도 하고 악몽을 꾸기도 한다. 영적 존재인 우리는 원수가 보내는 내용을 무의식이나 영을 통해 꿈으로 받기도 하며 이런 꿈들은 보통 두려움, 의혹, 의심, 혼란을 낳는다. 원수는 나쁜 꿈으로 우리의 안식을 방해하므로 잠들기 전에 기도하여 우리의 무의식을 보호할 필요가 있다. 우리는 성령님께서 주시는 꿈을 바르게 해석하도록 기도해야 한다. 우리의 나이와 상관없이 하나님은 꿈을 통해 자주 말씀하신다.

한 번은 요셉이 꿈을 꾸고서 ⋯ 얼마 뒤에 그는 또 다른 꿈을 꾸고, 그것을 형들에게 말하였다. (창 37:5-11)

그 날 밤에 기브온에서 주님께서 꿈에 솔로몬에게 나타나셨다. 하나님께서 말씀하시기를 내가 너에게 무엇을 주기를 바라느냐? 나에게 구하여라 하셨다. (왕상 3:5)

그런 다음에 내가 모든 사람에게 나의 영을 부어 주겠다. 너희의 아들딸은 예언을 하고 노인들은 꿈을 꾸고 젊은이들은 환상을 볼 것이다. (욜 2:28)

13. 열린 환상과 닫힌 환상(행 9:12)

열린 환상은 육신의 눈을 뜬 상태에서 보는 환상으로 흔한 현상이 아니다. 닫힌 환상은 우리의 눈을 감은 상태에서 마음으로 보는 환상이다. 다니엘서와 요한계시록은 이미지와 상징으로 가득 차 있다.

나 다니엘만 이 환상을 보고 나와 같이 있는 다른 사람들은 그 환상을 보지 못하였다. 그들은 두려워하며 도망쳐서 숨었으므로 (단 10:7)

14. 귀로 들리는 소리

하나님께서 우리 육신의 귀로 들리도록 말씀하시는 방법은 흔한 일이 아니다. 하지만 지금도 하나님의 천둥 같은 음성을 듣는 사람들이 있다.

성령이 비둘기 같은 형체로 예수 위에 내려오셨다. 그리고 하늘에서 이런 소리가 울려 왔다. 너는 내 사랑하는 아들이요 나는 너를 좋아한다. (눅 3:22)

아버지, 아버지의 이름을 영광스럽게 드러내십시오. 그 때에 하늘에서 소리가 들려 왔다. 내가 이미 영광되게 하였고 앞으로도 영광되게 하겠다. (요 12:28)

15. 천사

26 그 뒤로 여섯 달이 되었을 때에 하나님께서 천사 가브리엘을 갈릴리 지방의 나사렛 동네로 보내시어 27 다윗의 가문에 속한 요셉이라는 남자와 약혼한 처녀에게 가게 하셨다. 그 처녀의 이름은 마리아였다. 28 천사가 안으로 들어가서 마리아에게 말하였다. 기뻐하여라 은혜를 입은 자야, 주님께서 그대와 함께 하신다. (눅 1:26-28)

3 어느 날 오후 세 시쯤에 그는 환상 가운데에서 하나님의 천사를 똑똑히 보았다. 그가 보니 천사가 자기에게로 들어와서 고넬료야! 하고 말을 하는 것이었다. 4 고넬료가 천사를 주시하여 보고 두려워서 물었다. 천사님 무슨 일입니까? 천사가 대답하였다. 네 기도와 자선 행위가 하나님 앞에 상달되어서 하나님께서 기억하고 계신다. (행 10:3-4)

16. 지식과 지혜의 말씀 (고전 12:8)

지식과 지혜의 말씀은 성령님께서 신자들에게 초자연적으로 정보와 올바른 방향을 알려 주시는 계시이다.

17. 분별의 은사 (고전 12:10)

분별의 은사는 의심의 은사가 아니라 영의 정체가 원수인지 자신인지 또는 하나님이신지를 구별하는 능력이다.

18. 내적인 예언적 흐름
우리는 종종 기도하면서 즉흥적인 단어로 말씀을 받기도 한다.

19. 인지와 직관
영에 속한 사람은 다른 사람의 상황을 감지하는 능력이 있다. 예수님께서는 자주 사람의 마음과 생각을 아셨다.

사람 속에 있는 그 사람의 영이 아니고서야 누가 그 사람의 생각을 알 수 있겠습니까? 이와 같이 하나님의 영이 아니고서는 아무도 하나님의 생각을 깨닫지 못합니다. (고전 2:11)

20. 예언
예언의 말씀은 예언의 영이신 성령님을 통해 예언의 은사를 받은 사람이나 예언자의 직임을 맡은 사람에게 받을 수 있다.

21. 성령님
베드로는 아직도 자기가 본 일을 곰곰이 생각하고 있었는데 성령께서 베드로에게 이렇게 말씀하셨다. 지금 사람들이 와서 너를 찾고 있으니 (행 10:19)

22. 무아지경 또는 입신[TRANCE]
사람이 무아지경에 빠지면 자연적 감각이 일시적으로 멈춘다.

그는 배가 고파서 무엇을 좀 먹었으면 하는 생각이 들었다. 사람들이 음식을 장만하는 동안에 베드로는 황홀경에 빠져 들어갔다. (행 10:10)

23. 환경

하나님은 종종 삶의 환경으로 우리에게 말씀하신다. 예를 들면 바울은 로마로 가려 했지만 시간이 흘러 죄수가 되어 로마로 간다.

24. 예수 그리스도의 생애

예수님은 최고의 선지자이시다. 하나님은 예수님의 모든 말씀과 행동을 통해 우리에게 말씀하신다.

25. 지혜자와 연장자의 조언

축적된 지식과 경험은 값지다. 이들의 조언을 무시하지 말라.

예언적인 영역은 주관적이므로 다음을 따라 분별하라.

1. 영을 시험하여 우리가 받는 생각이나 감정에 속지 않도록 하라.

사랑하는 여러분 어느 영이든지 다 믿지 말고 그 영들이 하나님에게서 났는가를 시험하여 보십시오. 거짓 예언자가 세상에 많

이 나타났기 때문입니다. (요일 4:1)

2. 서로 다른 증거와 확증을 받도록 한다. 성경의 증거, 내적 평안의 증거, 그리고 다른 성숙한 그리스도인이나 교회 지도자의 확증이 매우 중요하며 이를 고려하라.

3. 다른 사람들과 함께 자신이 받은 그 '계시'가 중요한 것인지 확인한다.

4. 우리의 분별이 예리해질 때까지 우리의 영적인 감각을 계속 훈련하고 개발한다.

그러나 단단한 음식물은 장성한 사람들의 것입니다. 그들은 경험으로 선과 악을 분별하는 세련된 지각을 가지고 있는 사람들입니다. (히 5:14)

하나님의 음성을 듣는 데에는 충분한 시간과 집중력이 필요하며 우리의 모든 존재를 하나님께 복종해야 한다.

CHAPTER 5

다양한 기름부음을 받은 세대

The Generation With The Multiple Anointing

다윗의 세 가지 기름부음

기름부음의 도전과 시험

다양한 기름부음

집단적 기름부음

내적 기름부음과 위에서 임하는 기름부음

기름부음 : 모방의 위험성

기름부음 유지하기

기름부음 간증

다윗의 세 가지 기름부음

사무엘이 기름이 담긴 뿔병을 들고 그의 형들이 둘러선 가운데서 다윗에게 기름을 부었다. 그러자 주님의 영이 그 날부터 계속 다윗을 감동시켰다. 사무엘은 거기에서 떠나 라마로 돌아갔다. (삼상 16:13)

유다 사람들이 찾아와서 그 곳에서 다윗에게 기름을 부어서 유다 사람의 왕으로 삼았다. 사울을 장사지낸 사람들이 길르앗의 야베스 사람들이라는 소식이 다윗에게 전해지니 (삼하 2:4)

그리하여 이스라엘의 모든 장로가 헤브론으로 왕을 찾아오니 다윗 왕이 헤브론에서 주님 앞으로 나아가 그들과 언약을 세웠다. 그리고 그들은 다윗에게 기름을 부어서 이스라엘의 왕으로 삼았다. (삼하 5:3)

구약 시대에는 기름 붓는 것이 지도자로 취임하는 공식적인 절차였다. 우리는 구약성경에서 제사장과 선지자와 왕이 기름부음을 받는 내용을 본다(출 30:30; 삼하 5:3; 왕상 19:16). 그중에서도 다윗 왕에게만 있는 독특한 점은 다윗이 제사장과 선지자와 왕의 세 가지 직임을 동시에 수행했다는 사실이다. 다윗은 삼중 직임을 받은 최초이자 유일한 왕이었다.

다윗 왕의 세 가지 기름부음은 큰 의미가 있다. 다윗이 기름부음 받을 때마다 영향력의 범위가 넓어지고 권위는 높아졌다. 나는 성령님께서 기름부음을 통해 성도들에게 능력을 주시며 활성화하신다고 믿는다. 우리에게 기름부어질 때 영과 혼과 육이 자연적인 능력을 초월하여 최상의 기능을 발휘한다. 다윗 왕은 선지자 사무엘에게 첫 번째 기름부음을 받았다. 사무엘처럼 하나님의 사역자는 하나님의 뜻을 따라 다른 사람에게 영적인 은사와 기름부음을 전달하는 능력이 있다.

내가 여러분을 간절히 보고 싶어하는 것은 여러분에게 신령한 은사를 좀 나누어주어 여러분을 굳세게 하려고 하는 것입니다. (롬 1:11)

영적인 사역자들은 전달할 영적 자산을 가진 사람들이다.

베드로가 말하기를 은과 금은 내게 없으나 내게 있는 것을 그대에게 주니 나사렛 예수 그리스도의 이름으로 [일어나] 걸으시오 하고 (행 3:6)

다윗은 헤브론에서 유다의 왕으로 두 번째 기름부음을 받았다. 다윗이 헤브론에서 받은 기름부음은 일종의 집단적 CORPORATE 기름부음이다. 헤브론은 연합, 동맹, 통합이라는 의미가 있다. 강력한 교회는 집단적인 기름부음을 발전시킨 교회다. 안타깝게도 많은 교회가 목양의 은사에만 의존하는데, 이것이 마치 팔 하나만 튼튼하고 신체 나머지 부분은 운동 부족으로 퇴화한 것처럼 건강하지 못한 현상이다. 건강한 교회는 교인들이 영적으로 활성화되어 예배를 위해 잘 준비된 상태를 유지한다.

온 몸은 머리이신 그리스도께 속해 있으며 몸에 갖추어져 있는 각 마디를 통하여 연결되고 결합됩니다. 각 지체가 그 맡은 분량대로 활동함을 따라 몸이 자라나며 사랑 안에서 몸이 건설됩니다. (엡 4:16)

다윗은 남유다와 북이스라엘 전체를 다스리는 왕으로 세 번째 기름부음을 받았다. 다윗의 세 번째 기름부음은 지배하고 다스리는 권위와 능력을 의미한다. 다윗은 세 번째 기름부음을 받은 후 모든 원수를 이기고 땅을 정복하여 이스라엘 왕국 역사상 최고의 영광을 누렸다. 다윗의 세대는 마지막 시대에 주님께서 자녀들에게 베푸시는 최고의 특권인 '다양한 기름부음'을 받아 누린다. 주님의 거룩한 목적을 이루기 위해 자신을 내려놓은 그리스도인들에게 다양한 기름부음은 하나님의 재능과 능력을 부여한다.

스미스 위글스워스는 성령 충만이 가장 좋은 선물이라고 했다. 이 축복은 우리가 이전의 어떤 세대보다 더 좋은 자격을 갖춰서 받는 게 아니라 우리를 향하신 하나님의 풍성하신 은혜로 받는 것이다. 하나님께서 주시는 다양한 기름부음을 받으면 성령님의 능력으로 새로운 영역을 개척하고 하나님의 영광을 나타내는 증인이 된다. 하나님의 종들이 기름부음으로 더 성숙하고 섬길수록 더 큰 돌파와 거룩한 나타나심MANIFESTATION을 기대할 수 있다. 성령님께 순종하는 사람들은 새로운 영적인 일을 할 것이다.

내가 진정으로 진정으로 너희에게 말한다. 나를 믿는 사람은 내가 하는 일을 그도 할 것이요 그보다 더 큰 일도 할 것이다. 그것은 내가 아버지께로 가기 때문이다. (요 14:12)

하지만 모든 기독교인이 다양한 기름부음으로 사역하는 것은 아니다. 기름부음은 하나님의 목적을 위해 주어지기 때문에(사 61장) 하나님께 순종하는 삶을 사는 사람들에게 성령님께서 역사하시어 다양한 기름부음을 주신다. 그러나 하나님의 목적을 성취하기 위한 성령님의 부르심에 응답하기를 거절한 사람들은 사울 왕처럼 '기름부음 받지 않거나'UNANOINTED, '한 때 기름부음 받았던'EX-ANOINTED 사람이 될 것이다.

기름부음의 도전과 시험

예수님께서는 성령 충만 받으신 후, 성령님께 이끌려 광야로 가셔서 40일 동안 사단에게 시험과 유혹을 받으셨다.

1 예수께서 성령으로 가득하여 요단 강에서 돌아오셨다. 그리고 그는 성령에 이끌려 광야로 가서서 2 사십 일 동안 악마에게 시험을 받으셨다. 그 동안 아무것도 잡수시지 않아서 그 기간이 다하였을 때에는 시장하셨다. (눅 4:1-2)

다윗도 예수님처럼 기름부음 받고 난 후, 시험에 직면한다. 다윗이 이스라엘의 왕으로 기름부음 받았다는 소식을 들은 블레셋이 다윗에게 도전하려고 군대를 이끌고 쳐들어온 것이다.

17 다윗이 기름부음을 받아 이스라엘의 왕이 되었다는 소식을 블레셋 사람이 듣고 온 블레셋 사람이 다윗을 잡으려고 올라왔다. 다윗이 이 말을 듣고서 요새로 내려갔다. 18 블레셋 사람들이 이미 몰려와서 르바임 골짜기의 평원을 가득히 메우고 있었다. (삼하 5:17-18)

성령님께서 당신에게 기름부으시면 당신의 영이 강건해지고 담대함이 생겨서 하나님을 더 효과적으로 섬기게 된다. 기름부음은 당신의 존재 자체로 사단의 세력에 대항하는 효과를 준다. 이것이 바로 원수가 당신에게 임할 새로운 기름부음을 가로채려는 이유다. 원수는 당신의 삶이 영적으로 성숙하고 발전하는 것을 방해하려고 공격한다. 기억하라, 당신이 갑절의 기름부음을 받으면 원수는 '갑절의 위협'으로 압박한다. 하지만 마귀의 능력은 한계가 있으므로 너무 걱정하지 말라. 원수의 공격을 미리 분별하고 대비할 수 있다. 우리는 원수를 제압하기 위해 더 큰 능력을 받아야 한다. 이 능력은 성령님의 기름부음과 함께 임한다.

20 그러나 내가 하나님의 능력을 힘입어 귀신들을 내쫓으면 하나님 나라가 너희에게 이미 온 것이다. 그 하나님의 손가락으로 21 힘센 사람이 완전히 무장하고 자기 집을 지키고 있는 동안에는 그의 소유는 안전하다. 22 그러나 그보다 더 힘센 사람이 달려들어서 그를 이기면 그가 의지하는 무장을 모두 해제시키고 자기가 노략한 것을 나누어 준다. (눅 11:20-22)

다양한 MULTIPLE 기름부음

다음과 같은 방법으로 다양한 기름부음이 임한다.

1. 마지막 때 하나님의 영을 부으심

모든 신자가 삶에 성령 충만으로 기름부음 받을 수 있다.

23 시온에 사는 사람들아 주 너희의 하나님과 더불어 기뻐하고 즐거워하여라. 주님께서 너희를 변호하여 가을비를 내리셨다. 비를 흡족하게 내려주셨으니 옛날처럼 가을비와 봄비를 내려주셨다. 28 그런 다음에 내가 모든 사람에게 나의 영을 부어 주겠다. 너희의 아들딸은 예언을 하고 노인들은 꿈을 꾸고 젊은이

들은 환상을 볼 것이다. 29 그 때가 되면 종들에게까지도 남녀를 가리지 않고 나의 영을 부어 주겠다. (욜 2:23,28,29)

2. 영적인 전달 IMPARTATION

영적인 전달은 바울과 디모데의 관계에서 보는 것처럼(딤전 4:14) 기도나 안수를 통해 일어나며 영적 전이TRANSFERENCE라고 표현하기도 한다. 성령님으로 충만한 사역자들은 자신의 삶을 통해 강력한 기름부음을 운반하면서 성령님의 인도하심을 따라 기도와 안수로 하나님의 은혜를 전달한다. 하나님은 기름부음을 사역자의 전유물로 제한하지 않으시고 성도들도 기름부음 받아 이 땅에 하나님 나라가 임하는 데 효과적으로 헌신하기를 원하신다. 기름부음이 없어도 하나님께 헌신할 수 있다. 그러나 당신이 기름부음을 받으면 훨씬 더 효과적으로 하나님을 헌신할 수 있다. 종종 의심과 불신, 혼적인 방해SOUL BLOCKAGE가 영적인 전달의 강도를 약화하기 때문에 기도 받는 사람은 마음과 영을 거룩하게 준비해야 한다.

모세가 눈의 아들 여호수아에게 안수하였으므로 여호수아에게 지혜의 영이 넘쳤다. 이스라엘 자손은 주님께서 모세에게 명하신 대로 여호수아의 말을 잘 듣고 그를 따랐다. (신 34:9)

3. 사역을 통한 바름 RUBBING

'기름부음'의 히브리어 동사 어근은 마샤흐MASHACH로, 기름을 발라 문지르다 또는 기름을 칠한다는 의미다. 성령님을 통해 한 사람에게 주어진 특별한 능력과 기름부음은 일종의 영적 수분 작용POLLINATION처럼 다른 사람에게 전달된다. 기름부음은 예배와 세미나, 집회 또는 부흥회에 참가하는 것만으로도 전달되기도 한다. 이것이 바로 사람들이 기름부음을 배웠다기보다 기름부음에 사로잡혔다CAUGHT고 말하는 이유다.

4. 천사

천사가 그에게 말하였다. 나는 하나님 앞에 서 있는 가브리엘인데 나는 네게 이 기쁜 소식을 전해 주려고 보내심을 받았다. (눅 1:19)

천사들은 하나님의 찬란한 영광이 충만한 보좌에 가장 가까이 서 있는 존재들이다. 천사들은 하나님의 영광에서 나오는 신선하고 강력한 기름부음으로 충만하므로 종종 한 장소에 많은 숫자의 천사가 존재하면 기름부음이 더 강력해지기도 하고, 어떤 천사들은 다른 천사보다 더 강력해서 단 하나의 강력한 천사가 영적인 분위기에 크게 영향을 끼치기도 한다. 하지만 천사가 우리 예배와 기도와 신앙의 대상이 되어서는 절대 안 된다.

또 나는 힘센 다른 천사 하나가 구름에 싸여서 하늘에서 내려오는 것을 보았습니다. 그의 머리 위에는 무지개가 둘려 있고, 그 얼굴은 해와 같고, 발은 불기둥과 같았습니다. (계 10:1)

한 집회에서 나는 성령님의 감동으로 거룩한 천사들이 집회 장소 전체에 어깨를 맞대고 선 모습을 보았는데, 그날 오후 내내 하나님의 임재와 기름부음이 집회 장소에 충만하게 차고 넘쳤으며 회중의 마음에 커다란 평화와 기쁨과 자유와 경외감이 있었다.

5. 연합을 통한 기름부음

다윗은 부하들에게 영향을 주고 변화시켰다. 마찬가지로 기름부음은 하나님의 사람들의 긴밀하고 지속적인 연합과 친교를 통해서도 흘러간다. 그 예는 다음과 같다.

A. 모세와 여호수아
B. 엘리야와 엘리사
C. 예수님과 열두 제자
D. 바울과 디모데

6. 의로움 RIGHTEOUSNESS

우리가 의롭게 살 때 하나님의 기름이 우리 위에 부어지며 이것은 하나님의 승인을 나타낸다.

왕은 옳은 것을 사랑하시고 못된 행위들을 미워하십니다. 그래서 하나님은 왕의 모든 친구들보다 왕을 더 높이 세우시고 기쁨의 향유를 부으셨습니다. (시 45:7, 쉬운성경)

집단적 CORPORATE 기름부음

연합의 기름부음은 다양한 기름부음의 결합한 강력한 힘이 있다. 사역자들은 삶에서 하나님과 동행하며 그 속사람에 강력한 기름부음을 축적한다. 예배 안에서 사역자의 신실한 삶에 축적된 기름부음과 성도들의 기름부음이 함께 풀어질 때, 그 능력과 나타남을 상상해보라! 작은 시냇물이 모이면 강력한 강이 된다.

우리 교회의 예배에서 강하고 능력 있는 집단적 기름부음이 나타난 적이 있다. 한 번은 사흘 동안 심한 편두통으로 고통받던 한 자매가 우리가 예배하는 예배 장소에 발을 내딛는 순간 즉시 치유되고 구원받았으며, 한 여자 집사님은 강력한 기름부음에 휩싸여 넘어지지 않으려고 벽에 의지해야 했다. 또 누군가는 예배 처소에 발을 들여놓는 순간 하나님의 임재가 너무나 강해서 그 자리에 무릎 꿇을 수밖에 없었던 경우도 있었으며, 하나님의 만지심 때문에 예배 내내 울기만 하는 경우는 수를 셀 수 없이 많았다. 많은 사람이 치유하시는 놀라우신 하나님의 임재를 간증했다.

성령으로 충만한 기독교인에게서 나오는 기름부음이 공동체의 연합과 사랑 안에 결합하여 풀어지면 우리가 생각하는 것 이상의 놀라운 역사가 나타난다. 연합된 공동체는 강력한 집단적 기름부음이 나타나는 중요한 열쇠다.

성령이 여러분을 평화의 띠로 묶어서, 하나가 되게 해 주신 것을 힘써 지키십시오. (엡 4:3)

내적 기름부음과 위에서 임하는 기름부음

성령님의 인도를 따라 사는 영적인 사람(SPIRIT MAN)은 충전지처럼 기름부음을 일시적으로 저장하기도 한다. 우리 영에 부어지는 성령님의 기름부음은 축적되거나 고갈되기도 한다. 우리는 주로 하나님의 말씀을 꾸준히 읽고 기도하며 방언하고 주님을 기다림으로써 우리 안에 기름부음을 쌓는다. 반대로 기름부음은 죄와의 타협과 교만을 통해 고갈되기도 하며 또 기름부음을 적절하게 활용하지 않아 줄어들기도 한다. 기름부음은 사역에서 회중을 섬기기 위해 새롭게 충전되기도 한다.

> 그러자 예수께서 말씀하셨다. 누군가가 내게 손을 댔다. 나는 내게서 능력이 빠져나간 것을 알고 있다. (눅 8:46)

작은 오토바이 배터리의 충전 용량과 큰 트럭의 배터리가 충전 용량의 큰 차이가 나는 것처럼, 신자마다 기름부음을 저장하고 발전시키는 능력이 다르다. 영적으로 장성한 사람들은 기도와 사역, 영적 책임 같은 훈련을 통해 자신을 관리하면서 영이 더 강해지기 때문에 기름부음을 받아 축적하고 풀어놓는 능력도 더 크다.

위에서 오는 기름부음은 하나님에게서 오기 때문에 강력한 능력이 있다. 하나님은 태양 전지(우리의 영)를 충전하는 태양과 같다. 건전지는 재충전하지 않으면 방전된다. 예배에서 사역자의 영이 위에서 임하는 기름부음에 단단히 연결되면 기름부음이 줄지 않고 지속해서 충전된다. 이런 일이 일어날 때면 피부로 느껴질 정도로 기름부음이 강렬해서 공기가 다르게 느껴지고 모임 장소 어디에서든 기름부음을 느끼기도 한다. 우리는 기름부음을 위해서 개인적으로 철저하게 영혼의 준비를 하고 하나님의 임재를 느끼는 인식을 길러야 한다. 기름부음의 인식이 깨지지 않도록 예배의 방해를 최소화하는 것도 중요한 부분이다.

기름부음 : 모방의 위험

너희는 이것을 아무의 몸에나 부어서는 안 되며, 또 그것을 만드는 방법으로 그와 똑같은 것을 만들어서도 안 된다. 이것은 거룩한 것이니, 너희가 거룩하게 다루어야 한다. (출 30:32)

특히 기름부음 안에서 쓰러지는[RESTING] 현상을 놓고 많은 사람이 진짜 기름부음이 아닌 모방의 유혹에 빠진다. 여기 하나님의 기름부음의 외적인 현상을 모방하는 몇 가지 이유를 제시한다.

1. **연기하려는 압박** : 쓰러지는 것이 기름부음의 확증이라는 생각에 압박을 느끼는 사람들이 많다. 이 사람들은 모든 예배에서 쓰러져야 한다고 생각하며 그 결과 기름부음 없이 밀리기만 해도 넘어진다.

2. **자아 문제** : 하나님과 사역자, 주변 사람들에게 인정받고 감동을 주려는 과도한 열심의 문제도 있다.

3. **속임과 조작** : 때때로 어떤 사역자는 노골적인 속임과 조작을 사용하기도 한다. 이럴 때 신자는 진정한 기름부음과 육신 적인 연기를 구분하도록 충분히 성숙해야 한다.

4. **자기 암시** : 특정한 분위기나 상황, 느낌을 기름부음이라고 단정하는 때가 있다. 그러나 분별해야 한다.

5. **신체의 균형을 잃어버림** : 어떤 사람들은 오래 눈을 감고 손을 든 상태로 서 있거나 수평이 아닌 바닥에 서기 때문에 균형을 잃고 쓰러지기도 한다.

6. **외부의 시선을 의식함** : 쓰러지지 않으면 다른 사람이 어떻게 생각할지 염려가 되어 넘어지는 척한다.

7. **심리적 반응과 오해** : 쓰러지면 축복받은 것이며, 쓰러지지 않으면 축복받지 못한 것이라는 생각.

8. **악한 영의 반응** : 기름부음이 임한 결과 악한 영이 드러나서 쓰러지는 경우가 있다.

9. **갑작스러운 충격** : 사역자가 갑작스럽게 큰소리를 쳐서 깜짝 놀라 쓰러지기도 한다.

10. **공개적인 당황스러움** : 쓰러지지 않으면 성령님께 저항한다고 생각해서 두려워하는 경우.

11. 위의 여러 가지가 다 결합한 상태

하나님은 위에 언급한 모든 불의한 조작에서 우리를 구원하시길 원하신다. 성령님의 인도를 따르는 사역자들과 성도들은 정직해야 하며, 사역을 꾸며내지 말아야 한다. 우리는 말하고 행동하는 모든 것에 하나님의 성품과 인격이 나타나야 한다(히 1:3).

이런 심리적인 조작과 대조적으로 내가 사역할 때 기름부음이 강하게 임해서 사람들에게 손을 대지 않아도 쓰러진 경우가 몇 번 있었다. 최근 미얀마에서 목회자를 위한 세미나를 섬길 때도 기름부음이 역사해서 나와 멀리 있던 많은 사람이 동시에 쓰러졌다.

> 그가 내게 말할 때에 내가 얼굴을 땅에 대고 엎드리어 깊이 잠들매 그가 나를 어루만져서 일으켜 세우며 (단 8:18, 개정)

> 그를 뵐 때에 내가 그의 발 앞에 엎어져서 죽은 사람과 같이 되니 그가 내게 오른손을 얹고 말씀하셨습니다. 두려워하지 말아라. 나는 처음이며 마지막이요. (계 1:17)

기름부음은 사람이 분명하게 느끼고 경험하는 실재적인 거룩한 능력이다. 그래서 때때로 사람들은 기름부음을 강력한 전류에 비유하기도 한다. 실제로 사역할 때 보면 기도 받는 사람이 전기에 감전된 것 같은 모습을 보일 때도 있다. 어떤 경우에는 영적인 능력이 역사하는 장소나 지점에 접촉할 때 쓰러지기도 한다. 하지만 넘어지는 것이 중요한 것은 아니다. 정말 중요한 것은 외적인 현상이 아니라 마음에 성령님의 깊은 만지심을 받는 것이다. 기름부음의 현상은 우리의 지식과 논리로 다 이해하고 설명하기 어렵지만, 우리 내면에 분명한 유익과 변화를 주기 때문에 무조건 배척하기보다 지혜롭게 분별하면서 누리는 것이 좋다.

기름부음 유지하기

어떤 사람은 기름부음 받는 것이 유지하기보다 더 쉽다고 말하지만 쉬운 것이 다 옳은 것은 아니며 우리는 받은 기름부음을 유지해야 할 책임이 있다. 우리가 성령님의 주권^{LORDSHIP}을 인정할 때 기름부음을 유지하는 중요한 기반을 마련한다. 한때 강력한 사역을 하다 습관적인 죄와 다양한 이유로 기름부음을 잃어버린 사람들은 원수들의 영적인 공격에 취약한 상태가 된다.

대표적인 예로 사울 왕이 있는데, 하나님께서 사울에게 주신 왕의 기름부음을 걷어 가시자 악신에 사로잡혀 이성을 잃고 충동적으로 분노했다. 분노의 감정을 조절하지 못한 사울은 다윗을 몇 번이나 죽이려고 했고, 심지어는 자기 아들 요나단도 창으로 찌를 뻔했다. 우리가 잘하는 사사인 힘센 삼손도 스스로 기름부음을 잃어버리면 평범해진다는 사실을 알았지만 결국 들릴라에게 자신의 비밀을 알려 주어 평범한 사람처럼 약해지자 블레셋 사람에게 사로잡혀 모욕당했고 결국 죽었다.

20 그 때에 들릴라가 삼손! 블레셋 사람들이 들이닥쳤어요! 하고 소리쳤다. 삼손은 잠에서 깨어나 내가 이번에도 지난 번처럼 뛰쳐 나가서 힘을 떨쳐야지! 하고 생각하였으나 주님께서 이미 자기를 떠나신 것을 미처 깨닫지 못하였다. 21 블레셋 사람들은 그를 사로잡아 그의 두 눈을 뽑고 가사로 끌고 내려갔다. 그들은 삼손을 놋사슬로 묶어 감옥에서 연자맷돌을 돌리게 하였다. (삿 16:20-21)

절대 당신의 기름부음을 잃지 말라. 원수가 당신을 약하게 만들도록 허락하지 말라. 지도자가 기름부음을 잃으면 참된 영적 권위와 능력을 함께 잃고 하나님의 권능이 아니라 심리적인 조작과 인간적인 조종을 사용하려는 유혹에 빠진다. 즉, 성령님의 인도가 아니라 정치적인 흥정^{POLITICKING}으로 사역하면서 자신의 입지를 세우기 위해 더 많은 규칙을 만들어 내려고 한다. 지켜야 할 규칙이 많아질수록, 사랑과 은혜는 점점 줄어든다.

5장 다양한 기름 부음을 받은 세대

기름부음 간증

주 여호와의 영이 내게 내리셨으니 이는 여호와께서 내게 기름을 부으사 가난한 자에게 아름다운 소식을 전하게 하려 하심이라 나를 보내사 마음이 상한 자를 고치며 포로된 자에게 자유를 갇힌 자에게 놓임을 선포하며 (사 61:1, 개정)

나는 1975년 처음 매우 강력한 기름부음을 경험했다. 주님 안에서 회심하고 헌신한 지 얼마 되지 않아서 쿠알라룸푸르의 세타팍에 있는 시각 장애인 기독학생회에서 설교하게 되었다. 나는 말씀을 전하기 전날 밤, 사역을 놓고 주님께 간절히 기도했다. 그런데 한참 기도하던 자정 무렵 갑자기 성령님의 강력한 기름부음이 임하기 시작했다. 나는 갑작스러운 기름부음에 당황했으며 마치 머리에 강력한 전류가 흐르는 띠를 한 느낌을 받았다. 이 '기름부음의 머리띠'는 머리부터 허리로 서서히 내려와서, 다시 정수리까지 올라가며 점차 강도를 더하면서 두 번 반복한 후 사라졌다. 나는 당시에는 기름부음이 무엇인지 잘 모를 때였지만 뭔가 이상하고 놀라운 일이 일어났음을 알았으며 영이 매우 각성하여 다음 날 아침까지 잠들 수 없었고, 아주 잠깐 쉰 후에 일어나 정해진 모임을 위해 학교로 출발했다.

베드로가 이런 말을 하고 있을 때에 그 말을 듣는 모든 사람에게 성령이 내리셨다. (행 10:44)

학교에 도착해서 둥글게 앉은 20명의 학생을 향해 나는 사도행전 10장의 성령세례의 내용을 담대히 설교했다. 설교가 끝나고 학생들이 성령 세례를 받도록 기도했는데, 기도를 마치기도 전에 성령님께서 학생들에게 동시에 임하셨다! 그들은 울면서 큰 소리로, 또는 방언으로 기도했으며 어떤 학생들은 의자에서 밀려나듯 교실 바닥에 쓰러졌다. 나는 이렇게 신속한 응답은 전혀 예상하지 않았기 때문에 깜짝 놀라서 잠시 공황 상태에 빠졌다. 조금 후 방언으로 크게 기도하는 학생 중 몇을 진정시키고 바닥에 쓰러진 학생을 다시 앉히려고 했지만 아무 소용이 없었다. 성령님으로 충만해진 학생들은 전혀 다른 사람 같았다.

솔직히 고백하면, 나는 그때 이 '거룩한 소란'이 학교에 알려져서 부정적인 소문이 돌까 봐 약간의 걱정과 두려움이 있었다. 나는 이 거룩한 소란에 어떻게 대처할지 몰랐기 때문에 그저 계속 기도했으며 내가 한 제일 좋은 결정은 모임을 마무리하기 전에 학생들을 만나 주신 하나님을 같이 찬양하는 것이었다.

나는 며칠 후 몇몇 학생으로부터 그날 아침에 일어난 일과 나중에 일어난 일의 더 포괄적인 소식을 들었다. 그날 모임에 참여한 모든 학생이 성령 충만을 받았으며 한 명을 제외한 모든 학생이 방언의 은사를 받았고, 그중 몇은 다른 사람의 머리 위에 불의 혀 같은 것을 보았다고 했다. 심지어 그중 한 사람은 옆 친구의 머리 위의 불꽃을 만지려고 시도했다고 한다.

학생 중 몇 명은 순간적으로 시력이 회복되어(기억하는가? 이 학생들은 시각장애인이다.) 자신이 입은 옷의 색을 정확히 기억했다! 할렐루야! 또 다른 학생들은 천국의 음악과 노래를 들었다고 고백했다. 이 경험 후에 그들은 며칠 동안 부흥의 영에 사로잡혀 계속 기도하며 주님을 구했다. 하지만 안타깝게도 이들의 좋아진 시력이 다시 원상태로 돌아갔다고 전했다. 나는 이 학생들의 눈이 왜 완전히 치유되지 않았는지 이유를 알 수 없었다.

이 놀라운 경험 후에 나는 세타팍의 시각 장애인 기독 학생회 근처에 실로암 하나님의 성회를 개척하라는 성령님의 인도하심을 받았다. 그때가 1976년 후반이었다. 학교에서 일어난 표적과 기사는 하나님께서 쿠알라룸푸르 북동쪽으로 나를 이끄신다는 거룩한 확증이었다. 실로암 교회의 개척 후 10년간 8개의 교회가 더 개척되었고 지금은 그중 대부분의 교회가 잘 성장했으며 심지어 몇몇 교회는 모 교회인 실로암 교회보다 더 크게 성장했다!

그들은 나가서 곳곳에서 복음을 전파하였다. 주님께서 그들과 함께 일하시고 여러 가지 표징이 따르게 하셔서 말씀을 확증하여 주셨다. (막 16:20)

그리고 하나님께서도 표징과 기이한 일과 여러 가지 기적을 보이시고 또 자기의 뜻을 따라 성령의 선물을 나누어주심으로써 그들과 함께 증언하여 주셨습니다. (히 2:4)

1 주님께서 나에게 기름을 부으시니 주 하나님의 영이 나에게 임하셨다. 주님께서 나를 보내서서 가난한 사람들에게 기쁜 소식을 전하고, 상한 마음을 싸매어 주고, 포로에게 자유를 선포하고 갇힌 사람에게 석방을 선언하고 2 주님의 은혜의 해와 우리 하나님의 보복의 날을 선언하고 모든 슬퍼하는 사람들을 위로하게 하셨다. 3 시온에서 슬퍼하는 사람들에게 재 대신에 화관을 씌워 주시며 슬픔 대신에 기쁨의 기름을 발라 주시며 괴로운 마음 대신에 찬송이 마음에 가득 차게 하셨다. 그리하여 사람들은 그들을 가리켜 의의 나무 주님께서 스스로 영광을 나타내시려고 손수 심으신 나무라고 부른다. (사 61:1-3)

CHAPTER 6

하나님의 궤를 다시 모셔 오는 세대

THE GENERATION THAT USHERS BACK THE ARK OF GOD

다윗과 하나님의 궤

바른 순서

초막절

다윗과 하나님의 궤

사무엘하 6장을 읽어 보자.

9 그 날 다윗은 이 일 때문에 주님이 무서워서 이래서야 내가 어떻게 주님의 궤를 내가 있는 곳으로 옮길 수 있겠는가? 하였다. 12 누군가가 오벳에돔의 집에 하나님의 궤를 보관하였기 때문에 주님께서 오벳에돔의 집과 그에게 딸린 모든 것에 복을 내려 주셨다는 소식을 다윗 왕에게 전하였다. 그리하여 다윗은 기쁜 마음으로 가서 하나님의 궤를 오벳에돔의 집에서 다윗 성으로 가지고 올라왔다. 궤를 옮길 때에 그는 큰 축제를 벌였다. 13 다윗은 주님의 궤를 멘 사람들이 여섯 걸음을 옮겼을 때에 행렬을 멈추게 하고, 소와 살진 양을 제물로 잡아서 바쳤다. 14 그리고 다윗은 모시로 만든 에봇만을 걸치고 주님 앞에서 온 힘을 다하여 힘차게 춤을 추었다. 15 다윗과 온 이스라엘 가문은 환호성을 올리고 나팔 소리가 우렁찬 가운데 주님의 궤를 옮겨 왔다.
(삼하 6:9,12-15)

사무엘하 6장부터 8장에 중요한 영적 진전이 나온다.

사무엘하 6장 : 다윗이 하나님의 궤를 다윗 성으로 모셔 옴
사무엘하 7장 : 다윗이 하나님께 언약을 받음
사무엘하 8장 : 다윗의 정복과 통치권의 확장

다윗이 남유다와 북이스라엘 전체의 왕권을 잡자마자 하나님의 궤를 예루살렘으로 가져오는 것을 최우선순위로 추진한다. 하지만 하나님의 궤를 수레로 이동하던 첫 번째 시도는 웃사의 죽음으로 중단된다. 다윗은 민수기 4:5, 6, 15 및 7:9에 기록된 바른 순서를 따르지 않아 실패했고 결국 하나님의 궤는 오벧에돔의 집으로 옮겨진다. 궤가 머무는 동안 하나님은 오벧에돔의 집과 모든 소유를 풍성하게 축복하셨다.

그래서 하나님의 궤가 오벳에돔의 집에서 그의 가족과 함께 석 달 동안 머물렀는데 그 때에 주님께서 오벳에돔의 가족과 그에게 딸린 모든 것 위에 복을 내려 주셨다. (대상 13:14)

누군가가 오벳에돔의 집에 하나님의 궤를 보관하였기 때문에 주님께서 오벳에돔의 집과 그에게 딸린 모든 것에 복을 내려 주셨다는 소식을 다윗 왕에게 전하였다. 그리하여 다윗은 기쁜 마음으로 가서 하나님의 궤를 오벳에돔의 집에서 다윗 성으로 가지고 올라왔다. 궤를 옮길 때에 그는 큰 축제를 벌였다. (삼하 6:12)

오벧에돔을 보면 다윗 왕은 하나님의 궤의 중요성을 알았다. 하나님의 궤를 예루살렘에 두는 것이 하나님의 축복과 보호와 임재가 다윗과 함께 하는 것을 의미했다. 하나님의 궤는 이 땅에 존재하는 하나님의 보좌를 예표 하며 하나님의 임재와 능력을 의미한다. 하나님의 임재가 오벧에돔의 모든 소유를 번창하게 한 것처럼 우리의 영혼육을 풍성하게 한다. 하나님의 궤의 능력은 요단강을 가른 것(수 3:17)과 다곤 상의 파괴(삼상 5:1-5)로 증명되었다.

8 사람을 보내어 블레셋 통치자들을 모두 불러모아 놓고 이스라엘 신의 궤를 어떻게 해야 좋을지를 물었다. 블레셋 통치자들이 이스라엘 신의 궤를 가드로 옮기자고 하였으므로 아스돗 사람들은 이스라엘 신의 궤를 가드로 옮겼다. 9 아스돗 사람들이 그 궤를 가드로 옮긴 뒤에 주님께서 또 그 성읍을 내리쳐서 사람들이 큰 혼란에 빠졌다. 주님께서 그 성읍의 사람들을 어린 아이나 노인이나 할 것 없이 모두 쳐서 악성 종양이 생기게 하셨다. 10 그러자 그들이 하나님의 궤를 에그론으로 보냈다. 그러나 하나님의 궤가 에그론에 이르렀을 때에 에그론 주민들은 아스돗 사람들이 이스라엘 신의 궤를 우리에게로 가져 와서 우리와 우리 백성을 죽이려고 한다. 하면서 울부짖었다. 11 그래서 그들은 또 사람들을 보내어 블레셋 통치자들을 모두 불러모아 놓고 이스라엘 신의 궤를 돌려 보내어 그 있던 자리로 돌아가게 하고 우리와 우리 백성이 죽지 않게 해주시오! 하고 요청하였다. 하나님이 거기에서 그들을 그렇게 무섭게 내리치셨기 때문에 온 성읍 사람들이 죽을 지경에 이르러 큰 혼란에 빠졌다. 12 죽지 않은 사람들은 악성 종양이 생겨서 온 성읍에서 비명소리가 하늘에 사무쳤다. (삼상 5:8-12)

다윗 왕은 다시 하나님의 궤를 예루살렘으로 가져오기 위해 바른 순서(하나님의 순서)를 따랐고 결국 성공했다. 이 특별한 일을 위해 다윗 왕은 자신의 왕복^{王服} 대신 제사장이 입는 세마포와 에봇을 입고 여호와 앞에 음악을 연주하며 크게 기뻐하고 춤을 추었고 마침내 하나님의 궤가 다윗 왕이 준비해 놓은 장막 안에 놓인다. 이 궤는 우리 주 예수 그리스도를 의미한다. 다윗 왕이 하나님의 궤를 바르게 모셔 온 것처럼 다윗의 세대도 우리 주 예수 그리스도의 다시 오심을 바르게 준비할 것이다!

바른 순서

지난번에는 여러분이 메지 않았으므로 주 우리 하나님께서 우리를 치셨습니다. 우리가 그분께 규례$^{PROPER\ ORDER}$대로 하지 않아서 그렇게 된 것입니다. (대상 15:13)

다윗 왕은 하나님의 궤를 예루살렘으로 옮겨 올 때 하나님께서 정하신 방법, 즉 올바른 순서가 있음을 알았다(대상 15:14-28). 그의 아들 솔로몬도 하나님의 궤를 다윗의 장막에서 솔로몬의 성전으로 옮길 때 바른 순서를 따랐다(역대하 5장). 앞서 말한 것처럼 구약에서 하나님의 궤는 이 땅 위에 있는 하나님의 보좌를 의미한다. 현재는 하나님께서 성령님을 통해 우리 안에 거하신다. 하지만 하나님의 임재를 우리의 모임과 개인의 삶에 모셔서 나타나도록 할 때도 다음의 바른 순서를 지켜야 한다.

1. 최우선 순위 TOP PRIORITY

다윗 왕은 최우선 순위를 하나님의 궤에 두었다. 다윗은 하나님의 임재를 세상 그 무엇보다 소중히 여겼으므로 하나님의 궤를 예루살렘으로 모셔 오는 일을 중요하게 생각했다. 다윗은 하나님의 궤를 모시는 것이 가장 중요한 일이라는 것을 알았다. 하나님의 궤를 예루살렘으로 모셔 오기 위해 이스라엘의 장로들과 군대 지휘관들 그리고 성별된 레위인과 수천 명의 사람이 모였다(대상 15:25; 대하 5:2; 삼하 6:13-19). 하나님의 궤를 모셔 오는 것이 이스라엘의 국가적인 일이었다는 것은 다윗처럼 우리도 삶의 최우선 순위에 하나님이 계셔야 함을 알려준다.

너는 나 외에는 다른 신들을 네게 두지 말라. (출 20:3, 개정)

2. 정결 SANCTIFICATION

하나님의 궤는 거룩하게 구별한 제사장들이 직접 어깨에 메어 옮겨야 했다(대상 15:14; 대하 5:11). 모세 성막의 물두멍은 씻어 정결케 함을 의미한다. 성소에 들어가는 사람은 먼저 스스로 정결하게 해야 한다. 하나님의 임재를 가볍게 여기면 안 된다. 하나님의 임재가 우리와 함께 머물기를 원한다면 먼저 회개하고 정결하게 해야 한다. 성결과 거룩이 없으면 하나님의 강력한 임재와 영광도 없다. 우리가 주님을 예배하려면 예수님께서 거룩하신 것처럼 우리도 스스로 거룩한 삶을 살아야 한다(요 17:19).

3 누가 주님의 산에 오를 수 있으며 누가 그 거룩한 곳에 들어설 수 있느냐? 4 깨끗한 손과 해맑은 마음을 가진 사람, 헛된 우상에게 마음이 팔리지 않고 거짓 맹세를 하지 않는 사람이다. (시 24:3-4)

3. 성결 CONSECRATION

레위인들은 하나님의 궤를 어깨로 메어 운반했는데(대상 15:15) 이것은 우리 삶에 하나님을 모시는 것을 의미한다. 또 어깨는 개인적인 책임이란 의미도 있다. 반대로 수레는 세속적인 방법을 의지한다는 의미이다. 세상에서 아무리 탁월한 기계나 장비도 하나님의 임재 안에 살면서 하나님의 얼굴을 직접 대면하는 것을 대신할 수 없다. 종종 믿음 좋은 다른 회중 덕분에 충만한 임재의 축복을 누릴 때도 있지만 우리가 개인적으로 혼자 있을 때 하나님의 임재를 직접 체험하는 영적인 훈련이 이루어져야 한다. 회중의 집단적 영성이 개인적인 성결을 대체할 수 없다.

4. 찬양과 예배 PRAISE AND WORSIP

하나님의 궤를 모시는 행렬에 레위인의 노래와 많은 악기의 즐거운 연주 소리가 가득했으며 노래하는 자들이 목소리 높여 즐거운 노래를 부르는 동안 다른 사람들은 하나님 앞에서 크게 기뻐하며 춤을 추었다(대상 15:16). 찬양은 영광의 왕이 오실 길을 예비한다. 우리가 주님을 찬양할 때 원수가 잠잠케 된다(시 8:2)!

예배는 하나님을 향한 우리의 사랑과 경외심의 표현이자 사람의 영혼을 담아 표현하는 가장 고귀한 행동이며 하나님의 계시REVELATION를 향한 진실한 응답이다. 우리가 영으로 예배하면서 하나님께 가까이 나아갈 때 하나님은 우리에게 가까이 오신다. 우리가 하나님의 궤(하나님의 임재)를 우리 삶에 모시려면 우리 삶의 찬양과 예배가 더 비중 있어야 한다.

5. 희생 SACRIFICE

레위인들이 하나님의 궤를 시온으로 모셔 올 때 하나님께 많은 희생 제물을 드렸다(대상 15:26). 자기 삶에 하나님의 임재가 있기를 원하는 사람이 많지만, 정작 하나님을 위해 아낌없이 자신을 희생하면서 대가를 지불하는 사람은 정말 적다. 기억하자, 하나님을 위해 희생하는 방법을 배운 사람들만이 하나님과 깊은 친밀감을 누릴 수 있다. 이것은 변함없는 사실이다.

희생을 주저하지 않는 삶은 하나님을 향한 우리의 깊은 사랑을 드러낸다. 예수님은 교회를 사랑하셔서 아낌없이 자신을 희생하셨다. 우리가 진심으로 주님을 사랑할 때, 주님처럼 희생할 수 있다. 우리가 잘 아는 것처럼 사랑하는 아들 이삭을 하나님 앞에 아낌없이 드리려고 한 아브라함의 믿음은 하나님을 기쁘시게 했다. 솔로몬 왕은 '기록할 수도 없고 셀 수도 없는' 양과 소로 제사를 드린 후에 하나님의 은총과 계시를 받았다(대하 5:6). 과연 당신의 삶에는 어떤 희생과 헌신이 있는가?

초막절(레 23장)

하나님께서 성경에 언급하신 세 절기가 있다. 모든 절기는 예언적으로 예수 그리스도를 가리킨다. 처음 두 개의 절기인 유월절과 오순절은 역사적으로, 예언적으로 성취되었다.

유월절 : 유월절은 유대력으로 첫 번째 달(닛산 월)에 지키며 무교절이라고도 한다. 이 절기는 예수님이 유월절 양을 대신하여 갈보리에서 자신의 생명을 드렸을 때 성취되었다.

다음 날 요한은 예수께서 자기에게 오시는 것을 보고 말하였다. 보시오, 세상 죄를 지고 가는 하나님의 어린양입니다. (요 1:29)

여러분은 새 반죽이 되기 위해서 묵은 누룩을 깨끗이 치우십시오. 사실 여러분은 누룩이 들지 않은 사람들입니다. 우리들의 유월절 양이신 그리스도께서 희생되셨습니다. (고전 5:7)

오순절 : 칠칠절이라고도 하는 오순절은 세 번째 달(시반월)에 지킨다. 이 절기는 오순절에 성령님께서 마가의 다락방에서 기도하던 제자들에게 역사하시며 성취되었다.

오순절이 되어서 … 그들은 모두 성령으로 충만하게 되어서, 성령이 시키시는 대로, 각각 방언으로 말하기 시작하였다. (행 2:1-4)

초막절 : 초막절은 일곱 번째 달(에다님월)에 지키며 현현 절이라고도 한다. 초막절은 마지막 절기이며 영원히 지켜질 모든 절기 중의 절기이다. 하나님의 케이신 예수께서 곧 다시 오신다! 초막절이 예표 하는 모든 예언적 성취가 우리의 코앞에 다가왔다!

너희는 해마다 이렇게 이레 동안 주에게 절기를 지켜야 한다. 이것은 너희가 대대로 길이 지켜야 할 규례이다. 일곱째 달이 되면, 너희는 이 절기를 지켜야 한다. (레 23:41)

예루살렘을 치러 올라온 모든 민족 가운데서 살아 남은 사람들은 해마다 예루살렘으로 올라와서 왕이신 만군의 주님께 경배하며, 초막절을 지킬 것이다. (슥 14:16)

초막절은 다음 세 부분으로 이뤄진다.

- 나팔절 (레 23:23-25)
- 속죄일 (욤 키푸르 YOM KIPPUR, 레 23:26-32)
- 초막절 (레 23:33-44)

나팔절 : 우리는 바로 눈앞에서 나팔절이 성취되는 것을 보는 세대다. 하나님의 나팔, 예언적 음성이 온 세계에서 울리기 시작했다. 수천, 수만 명의 예언적인 사람들과 예언적 사역이 전에 없

던 규모로 일어나고 있다. 예언 사역자들은 성령님의 마지막 때 운행하심을 선포함으로써 사람들의 이목을 하나님께서 지금 이 땅위에서 이루시는 일에 집중시킨다. 세례 요한이 메시아의 다시 오실 길을 예비한 것처럼 예언적 세대가 복음을 전하고 예언하며, 선포하는 것이 곧 하나님의 영광이 강력하게 나타나실 길을 예비하는 것이다.

> 그 옛날 찬란한 그 성전보다는 지금 짓는 이 성전이 더욱 찬란하게 될 것이다. 나 만군의 주가 말한다. 내가 바로 이 곳에 평화가 깃들게 하겠다. 나 만군의 주의 말이다. (학 2:9)

하나님께서 세우시는 예언 사역자들은 그리스도의 신부 된 교회와 성도가 정결하도록 촉구하며 교회가 하나님의 말씀에 미달하지 않도록 권고하고 그리스도의 신부가 하나님 안에서 영적으로 높은 곳에 이르도록 권면할 것이다. 예언 사역자들은 사람들에게 깊은 회개와 정결함을 추구하도록 촉구하며 예수님의 교회를 '속죄일'로 인도한다.

구약에서 속죄일은 대제사장이 모든 사람의 속죄를 위한 피를 들고 지성소로 들어가는 유일한 날이었다. 교회가 온전한 초막절로 완전히 들어가려면 먼저 회개와 겸손과 정결해야 한다. 순결함과 겸손에 이르기 전까지 교회는 하나님의 능력과 영광의 강력한 나타나심을 경험할 수 없다.

이제 새로운 때가 왔다! 우리 주 예수 그리스도의 교회가 세상을 향한 하나님의 예언적 일정의 최종 시기에 돌입했다. 교회가 성소에서 지성소로 이동하면서 새로운 기름부음과 계시, 새로운 '예배의 소리'와 새로운 성령님의 역사가 나타나고 모든 신자가 자기의 삶에서 구원(유월절)과 성령 세례(오순절)와 충만함(초막절)이라는 세 절기를 경험할 것이다.

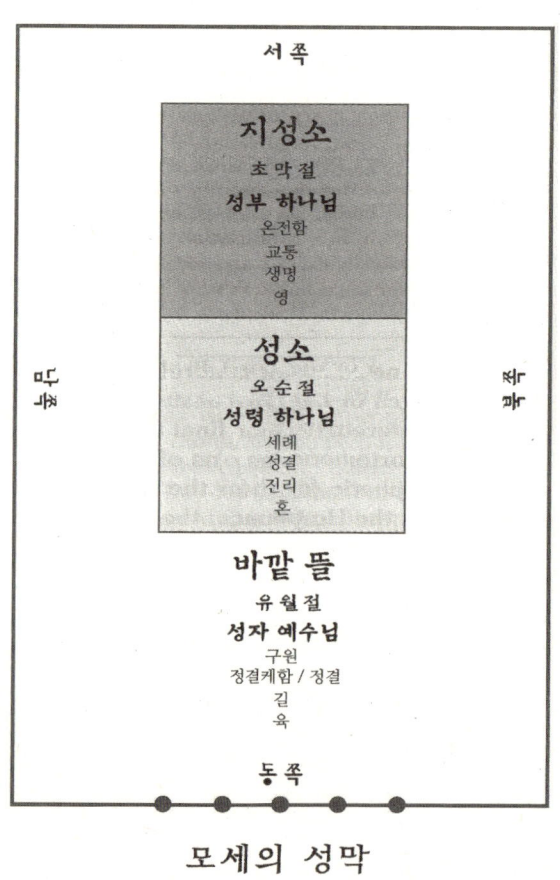

모세의 성막

1. 성령님의 큰 부으심

시온에 사는 사람들아 주 너희의 하나님과 더불어 기뻐하고 즐거워하여라. 주님께서 너희를 변호하여 가을비를 내리셨다. 비를 흡족하게 내려주셨으니 옛날처럼 가을비와 봄비를 내려 주셨다. (욜 2:23)

초막절은 티시리^{TISHRI}월이라고도 하는 에다님^{ETHANIM}월에 지킨다. 히브리어 티시리는 흐르는 시냇물, 에다님은 끊임없이 내리는 비라는 뜻이다. 이 시기에 이스라엘은 비가 많이 내린다. 성경에 나오는 비는 다음의 내용을 예표 한다.

A. 성령님

사람들에게 성령이 부어질 때마다 두 가지 일, 구출자가 일어나고 하나님의 예언적 말씀이 선포되는 일이 일어났다.

주님께서 나에게 기름을 부으시니 주 하나님의 영이 나에게 임하셨다. 주님께서 나를 보내셔서 가난한 사람들에게 기쁜 소식을 전하고 상한 마음을 싸매어 주고 포로에게 자유를 선포하고 갇힌 사람에게 석방을 선언하고 (사 61:1)

주님의 영이 기드온을 사로잡으니 기드온은 나팔을 불어 아비에셀 족을 모아 자기를 따르게 하고 (삿 6:34)

주님의 영이 입다에게 내렸다. 그는 길르앗과 므낫세 지역을 돌아보고 길르앗의 미스바로 돌아왔다가 길르앗의 미스바에서 다시 암몬 자손이 있는 쪽으로 나아갔다. (삿 11:29)

그런 다음에 내가 모든 사람에게 나의 영을 부어 주겠다. 너희의 아들딸은 예언을 하고 노인들은 꿈을 꾸고 젊은이들은 환상을 볼 것이다. (욜 2:28)

그 때에 주님께서 구름에 휩싸여 내려오셔서 모세와 더불어 말씀하시고 모세에게 내린 영을 장로들 일흔 명에게 내리셨다. 그 영이 그들 위에 내려와 머물자 그들이 예언하였다. (민 11:25)

요한의 아버지 사가랴가 성령으로 충만하여, 이렇게 예언하였다. (눅 1:67)

하나님께서 성령을 부어주시는 이 시대에 '구출자^{DELIVERER}'들이 다시 한 번 일어나서 예언의 말씀을 선포할 것이다.

B. 축복 : 레 26:4; 슥 10:1

땅이 자주 내리는 비를 흡수하여 농사짓는 사람에게 유익한 농작물을 내 주면, 그 땅은 하나님께로부터 복을 받습니다. (히 6:7)

주님께서는 그 풍성한 보물 창고 하늘을 여시고 철을 따라서 당신들 밭에 비를 내려 주시고 당신들이 하는 모든 일에 복을 주실 것입니다. 그러므로 당신들은 많은 민족에게 꾸어 주기는 하여도 꾸지는 않을 것입니다. (신 28:12)

C. 주님의 방문 : 시 65:9-10

우리가 주님을 알자. 애써 주님을 알자. 새벽마다 여명이 오듯이 주님께서도 그처럼 어김없이 오시고 해마다 쏟아지는 가을비처럼 오시고 땅을 적시는 봄비처럼 오신다. (호 6:3)

왕이 백성에게 풀밭에 내리는 비처럼, 땅에 떨어지는 단비처럼 되게 해주십시오. (시 72:6)

D. 소성케 함

하나님, 주님께서 흡족한 비를 내리셔서 주님께서 주신 메마른 땅을 옥토로 만드셨고 (시 68:9)

E. 하나님의 말씀

10 비와 눈이 하늘에서 내려서 땅을 적셔서 싹이 돋아 열매를 맺게 하고 씨뿌리는 사람에게 씨앗을 주고 사람에게 먹거리를 주고 나서야 그 근원으로 돌아가는 것처럼 11 나의 입에서 나가는 말도 내가 뜻하는 바를 이루고 나서야 내가 하라고 보낸 일

을 성취하고 나서야 나에게로 돌아올 것이다. (사 55:10-11)

하나님의 성령을 부어 주심은 세계 모든 교단에 영향을 끼친다. 영국국교회, 천주교, 그리스정교회, 감리교, 장로교, 루터교 및 다른 교단에도 성령 충만함이 나타난다.

2. 큰 희생 (민수기 28장, 29장)

유월절과 오순절에도 희생 제사와 헌물을 하나님께 드렸지만 많은 헌물과 희생 제사는 초막절에 드렸다. 초막절의 온전한 축복을 경험하려면 하나님을 위해 기꺼이 희생해야 한다. 마지막 때가 되면, 하나님의 사람들이 자신의 재물과 생명을 기꺼이 하나님 앞에 드리는 모습을 보게 될 것이다.

주의 권능의 날에 주의 백성이 거룩한 옷을 입고 즐거이 헌신하니 새벽 이슬 같은 주의 청년들이 주께 나오는도다. (시 110:3, 개정)

5 이르기를 백성들이 주님께서 명하신 일을 하는 데에 쓰고도 남을 만큼 많은 것을 가져 오고 있습니다 하였다. 6 그래서 모세는 진중에 명령을 내려서 남자든 여자든 성소에서 쓸 물품을 더는 헌납하지 말라고 알리니 백성들이 더 이상 바치지 않았다. 7 그러나 물품은 그 모든 일을 하기에 넉넉할 뿐 아니라 오히려 남을 만큼 있었다. (출 36:5-7)

34 그들 가운데는 가난한 사람이 한 사람도 없었다. 땅이나 집을 가진 사람들은 그것을 팔아서 그 판 돈을 가져다가 35 사도들의 발 앞에 놓았고 사도들은 각 사람에게 필요에 따라 나누어 주었다. (행 4:34-35)

3. 큰 추수

밭에서 난 곡식을 다 거두고 난 다음, 너희는 일곱째 달 보름날부터 이레 동안 주에게 절기를 지켜야 한다. 첫날은 안식하는 날이다. 여드렛날도 안식하는 날이다. (레 23:39)

이 시기는 한 해 중 포도주의 철이며 기름과 과일을 추수하는 시기이자 마지막 추수의 때다. 포도주는 기쁨을, 올리브유는 성령님의 기름부음을, 과일은 영혼을 의미한다. 이는 성령님의 기쁨과 신선한 기름부음과 하나님 나라를 향한 영혼의 큰 추수를 의미한다. 이제 교회는 그물을 수리해야 한다. 미리 준비해서 추수하는 주인께서 우리에게 추수를 허락하실 때 놓치지 말자!

그러므로 너희는 추수하는 주인에게 일꾼들을 그의 추수밭으로 보내시라고 청하여라. (마 9:38)

4. 하나님의 능력과 영광의 큰 나타나심

7 또 내가 모든 민족을 뒤흔들어 놓겠다. 그 때에 모든 민족의

보화가 이리로 모일 것이다. 내가 이 성전을 보물로 가득 채우
겠다. 나 만군의 주가 말한다. 8 은도 나의 것이요, 금도 나의 것
이다. 나 만군의 주의 말이다. 9 그 옛날 찬란한 그 성전보다는
지금 짓는 이 성전이 더욱 찬란하게 될 것이다. 나 만군의 주가
말한다. 내가 바로 이 곳에 평화가 깃들게 하겠다. 나 만군의 주
의 말이다. (학 2:7-9)

학개의 예언은 초막절에 선포되었다. 하나님의 궤가 시온산에
서 솔로몬의 성전으로 옮겨진 때도 초막절 기간이었다.

2 이스라엘의 모든 남자는 일곱째 달 곧 에다님월의 절기에 솔
로몬 왕 앞으로 모였다. 3 이스라엘의 모든 장로가 모이니 제사
장들이 궤를 메어 옮겼다. (왕상 8:2-3)

다가오는 시대에 하나님의 강력하고 놀라운 나타나심이 있을
것이다. 하나님의 영광이 솔로몬 성전에 나타났을 때, 제사장조차
감당하지 못하고 엎드렸다. 제사장과 마찬가지로 우리도 하나님
께서 역사하실 길을 만들어야 한다. 하나님의 영광은 특히 하나님
의 성전 된 하나님의 집(회중과 교회와 개인)에 나타날 것이다.

5. 큰 기쁨과 춤의 시간

첫날 너희는 좋은 나무에서 딴 열매를 가져 오고 또 종려나무

가지와 무성한 나뭇가지와 갯버들을 꺾어 들고 주 너희의 하나님 앞에서 이레 동안 절기를 즐겨라. (레 23:40)

진실로 우리 앞에 흥분으로 가득 찬 때가 도래했다. 하나님의 집에 커다란 즐거움이 있다. 우리는 하나님의 집에서 외치는 즐거운 소리를 듣고, 하나님께서 지금까지 행하신 일과 앞으로 행하실 모든 위대한 일을 통해 성령 안에서 커다란 기쁨을 누릴 것이다. 하나님의 사람들이여 큰 기쁨으로 즐겁게 춤추자. 주님의 기쁨이 우리의 힘이며 삶의 원천이다.

6. 성소에서 지성소로 들어가는 교회

이스라엘 백성은 초막을 짓고 그 안에서 초막절을 기념했다. 초막절은 주님과 함께할 준비를 해야 함을 일깨워준다. 교회는 주님과 함께 주님의 충만하심으로 들어가야 한다.

지식을 초월하는 그리스도의 사랑을 알게 되기를 빕니다. 그리하여 하나님의 온갖 충만하심으로 여러분이 충만하여지기를 바랍니다. (엡 3:19)

하나님께서는 그분의 안에 모든 충만함을 머무르게 하시기를 기뻐하시고 … 그리스도 안에 온갖 충만한 신성이 몸이 되어 머물고 계십니다. (골 1:19; 2:9)

교회는 아직 영광에서 영광으로 들어가지 않았다. 교회는 성소의 영광에서 지성소, 최고의 영광으로 이동해야 한다. 지성소는 영광과 계시와 충만함의 장소이다. 우리가 지성소로 이동할 때 믿음에서 믿음으로, 능력에서 능력으로, 승리에서 승리로, 돌파를 거듭하며 전진할 것이다.

7. 신부를 위한 우리 주 예수님의 영광스러운 재림

초막절은 마지막 절기로서 유대력의 마지막 달인 일곱 번째 달에 지켜진다. 7은 완전수로 마지막을 의미한다. 아래 나열한 내용은 내가 그리스도의 재림을 나타내는 표적이라고 믿는 것들이다.

A. 알리야^{ALIYAH} : 전 세계에 흩어져 살던 유대인들의 이스라엘 귀환. 특히 구소련에서의 대규모 귀환. "내가 그들을 북녘땅에서 데리고 오겠으며, 땅의 맨 끝에서 모아 오겠다." (렘 31:8)

B. 사도적 사역과 예언적 사역의 회복 : 이 사역은 신부가 그리스도를 위해 준비하도록 돕는다. "보라 여호와의 크고 두려운 날이 이르기 전에 내가 선지자 엘리야를 너희에게 보내리니" (말 4:5, 개정)

C. 세계 선교를 향한 움직임과 강화 : 선교 사역이 증가

한다. "이 하늘나라의 복음이 온 세상에 전파되어서 모든 민족에게 증언될 것이다. 그 때에야 끝이 올 것이다."(마 24:14)

D. 터키가 유프라테스강에 강의 흐름을 막기 위한 큰 댐 여러 개를 건설함 : "여섯째 천사가 그 대접을 큰 강 유프라테스에 쏟으니 강물이 말라 버려서 해 돋는 곳에서 오는 왕들의 길이 마련되었습니다."(계 16:12)

E. 유럽 공동체의 연합 : "23 그 천사가 이렇게 말하였다. 넷째 짐승은 땅 위에 일어날 넷째 나라로서 다른 모든 나라와 다르고 온 땅을 삼키며 짓밟고 으스러뜨릴 것이다. 24 그 열 뿔은 이 나라에서 일어날 열 왕이다. 그 뒤에 또 다른 왕이 일어날 것인데 그 왕은 먼저 있던 왕들과 다르고 또 전의 세 왕을 굴복시킬 것이다. 25 그가 가장 높으신 분께 대항하여 말하며 가장 높으신 분의 성도들을 괴롭히며 정해진 때와 법을 바꾸려고 할 것이다. 성도들은 한 때와 두 때와 반 때까지 그의 권세 아래에 놓일 것이다."(단 7:23-25)

F. 이스라엘을 비난하는 세계적 압박이 커짐 : 이스라엘은 하나님과 언약을 맺은 유일한 나라다(창 15:18-21; 17:1-7; 22:15-18).

CHAPTER 7

언약 관계의 세대

THE COVENANT RELATIONSHIP GENERATION

언약 관계 : 언약 축복
다양한 관계
언약 관계를 통해 알아가기
가룟 유다의 실패
언약 관계를 통한 능력
언약 관계 안의 신뢰
언약 관계를 통한 열매 맺음
다윗을 위하여

언약 관계 : 언약 축복

(주님께서도 말씀하십니다.) 나는 내가 선택한 사람과 언약을 맺으며 내 종 다윗에게 맹세하기를 (시 89:3)

진실로 나의 왕실이 하나님 앞에서 그와 같지 아니한가? 하나님이 나로 더불어 영원한 언약을 세우시고 만사에 아쉬움 없이 잘 갖추어 주시고 견고하게 하셨으니 어찌 나의 구원을 이루지 않으시며 어찌 나의 모든 소원을 들어주지 않으시랴? (삼하 23:5)

그러므로 당신들은 주 당신들의 하나님이 참 하나님이시며 신실하신 하나님이심을 알아야 합니다. 주님을 사랑하고 주님의 계명을 지키는 사람에게는 천 대에 이르기까지 그의 언약을 지키시며 또 한결같은 사랑을 베푸시는 신실하신 하나님이심을 알아야 합니다. (신 7:9)

구약에서는 소수의 경건한 사람들만 하나님과 개인적인 언약을 맺는 특권을 누렸다. 다윗은 하나님을 열렬히 사랑하며 하나님의 마음을 추구했으며 하나님은 이런 다윗을 매우 기뻐하셔서 "다윗의 언약"이라고 부르는 영원한 언약을 맺으셨다. 하나님께서 다윗을 축복하시고 영원히 맹세하셨다! 다윗이 받은 확증은 얼마나 강력한가! 이 언약은 하나님의 축복과 약속을 의미한다.

"네 집과 네 나라가 내 앞에서 영원히 보전되고 네 왕위가 영원히 견고하리라 하셨다 하라" (삼하 7:16)

하나님께서 당신을 축복하겠다고 맹세하시면 당신은 반드시 축복을 받는다! 다윗과 하나님의 언약 관계는 이 장에서 다루려는 다윗의 일곱 번째 예언적 교훈이다. 다윗이 하나님께 축복과 약속을 받은 열쇠는 언약 관계였다. 다윗은 해를 거듭하면서 하나님과의 개인적 관계를 더욱더 깊이 발전시켰다. 하나님과의 친밀함은 다윗의 모든 영역에 영향을 주었고 다윗이 누린 많은 축복과 성공의 토대였다. 우리가 하나님의 말씀에 기록된 온전한 축복과 약속을 받으려면 다윗처럼 하나님과 언약 관계로 동행해야 한다.

다양한 관계

이 세상에는 많은 종류의 관계가 있다. 스스럼없는 관계, 피상적인 관계, 일시적인 관계, 소원한 관계, 공적인 관계, 업무적인 관계 등. 하지만, 언약 관계는 이런 관계와 다르다. 언약 관계는 변함없는 충성과 깊이로 지속적인 구속력이 있는 전적인 헌신의 관계다. 하나님은 모든 신자와 친밀하고 변함없으며 지속해서 성장하는 언약 관계가 되기를 원하신다.

그리스도인과 다른 사람을 구별하는 것은 하나님과의 관계의 깊고 지속적인 성장이다. 하나님과의 관계 깊이는 그리스도인의 증인 된 삶의 영향력을 결정하는 중요한 요소다. 다윗의 세대는 삼위일체 하나님과 진실하고 개인적이며 강력하고 친밀한 관계를 맺는 그리스도인으로 구성된 세대다. 하나님과 언약 관계로 동행하는 것이 마지막 때를 사는 사람들의 영적인 생존과 열매 맺음에 아주 중요한 영역이다.

언약 관계를 통해 알아가기

하나님이 말씀하시기를 우리가 우리의 형상을 따라서 우리의 모양대로 사람을 만들자. 그리고 그가 바다의 고기와 공중의 새와 땅 위에 사는 온갖 들짐승과 땅 위를 기어다니는 모든 길짐승을 다스리게 하자 하시고 (창 1:26)

사람과 다른 피조물의 차이는 무엇일까? 바로 하나님의 형상대로 창조되었는가 아닌가의 차이다. 우리는 하나님의 형상으로 창조되었기 때문에 우리가 하나님을 알 때 우리의 진정한 정체성과 삶의 목적DESTINY을 깨닫는다. 예를 들면 이사야가 주님의 계시를 받을 때(사 6:1-8), 즉각적으로 자신의 상태를 확실하게 인식했으며 주님과의 만남과 계시를 통해 이사야는 자신을 향한 하나님의 부르심과 목적에 응답했다. 하나님의 계시를 향한 올바른 응답은 우리 삶에 놀라운 변화를 가져온다. 하나님은 우리 각 사람을 향해 놀라운 목적이 있으시다.

그러나 성경에 기록한 바 눈으로 보지 못하고 귀로 듣지 못한 것들 사람의 마음에 떠오르지 않은 것들을 하나님께서는 자기를 사랑하는 사람들에게 마련해 주셨다 한 것과 같습니다. (고전 2:9)

소도 제 임자를 알고 나귀도 주인이 저를 어떻게 먹여 키우는지 알건마는 이스라엘은 알지 못하고 나의 백성은 깨닫지 못하는구나. (사 1:3)

내가 바라는 것은 그리스도를 알고 그분의 부활의 능력을 깨닫고 그분의 고난에 동참하여 그분의 죽으심을 본받는 것입니다. (빌 3:10)

'알다' 라는 단어는 헬라어 기노스코^{GINOSKO}로서 개인적인 체험을 통해 하나님을 아는 것을 말한다. 우리는 하나님과의 친밀한 관계를 통해 계시적인 지식을 받는다. 한 사람의 예언적 지식의 깊이는 하나님과 친밀감의 깊이로 결정되며, 하나님을 더 깊이 알수록 삶의 다양한 상황 속에서 하나님의 뜻과 방법을 더 깊이 알 수 있다. 하나님의 비밀은 하나님과 언약 관계를 맺으며 동행하는 사람들에게 계시된다.

여호와의 친밀하심이 그를 경외하는 자들에게 있음이여 그의 언약을 그들에게 보이시리로다 (시 25:14, 개정)

하나님은 우리와 친밀함으로 소통하신다. 우리가 계시적 지식과 통찰력으로 살려면, 하나님을 깊이 알고 언약 관계 안에서 하나님과 동행해야 한다.

가룟 유다의 실패

가룟 유다의 실패는 비극적이고 끔찍했다. 가룟 유다는 3년 반 동안 예수님과 함께 걷고, 먹고, 대화 나눴으며 예수님의 깊은 사랑을 지켜보았고, 심오한 가르침과 기름부음 넘치는 설교를 들으며 강력한 기적을 목격하는 특권을 누렸다. 하지만 이렇게 놀라운 3년 반의 과정에서 가룟 유다는 그저 구경꾼에 머물렀다. 가룟 유다는 예수님과 진실한 관계를 맺을 충분한 기회가 있었지만 고집스러움과 탐욕, 경솔한 태도로 결국 치명적인 실패에 빠졌다.

가룟 유다는 예수님과 친밀한 관계를 맺으려는 참된 갈망이 없었으며 그저 개인적인 이득을 얻기 위해 주님과 함께했고, 결국 예수님과 제자들을 위한 후원금에 손을 댔다. 가룟 유다와 예수님과의 관계에 시험이 다가왔을 때(주의하자. 주님과의 모든 관계는 시험을 받는다.) 예수님을 향한 가룟 유다의 태도와 관계의 연약함이 결국 하나님의 아들을 배신하는 극악무도한 죄로 이끌었다.

우리는 가룟 유다를 통해 오랜 시간 함께 한다고 해서 깊은 관계가 되는 것은 아니라는 점을 배운다. 마찬가지로 우리도 오랜 시간 교회 예배에 참석하고 수천 번의 설교를 듣는다고 해서 주님과 깊은 관계가 되는 것은 아니다. 문제는 안타깝게도 이런 얕은 신자가 정말 많다는 것이다. 이런 신자들은 하나님과의 개인적이고 지속적인 교제에서 나오는 확신과 특별한 힘이 없으므로 핍박과 시련과 시험이 다가오면 쉽게 쓰러진다. 우리는 삶에 다가오는 시련과 시험에 실패하여 가룟 유다 같은 종말을 맞지 않도록, 주님과의 개인적인 관계를 발전시키는 데 우선순위를 두어야 한다.

하나님과 개인적으로 친밀하게 발전하는 관계를 맺는 것이 무엇보다 중요하다. 하나님과의 친밀함이 우리의 삶과 함께하는 사람과의 관계에 매우 중요한 역할을 한다. 친밀하고 강한 관계는 충성스러운 헌신의 기반이며 사랑에서 양분을 얻고 소통을 통해 성장한다. 하나님은 강하고 개인적인 관계(언약 관계)를 원하는 사람을 찾으신다. 우리는 하나님과 우리의 배우자와 그리스도의 몸 된 지체들과의 관계를 계속해서 발전시켜야 한다.

언약 관계를 통한 능력

마지막 때의 모든 그리스도인은 하나님과 깊고 개인적인 관계를 추구해야 한다. 우리가 하나님과 친밀한 관계를 발전시키면 영적으로도 강해진다. 하나님과의 강하고 친밀한 관계를 무시하는 사람들은 영적으로 고갈되어 다가올 시대에 그리스도의 증인으로 사는 것이 매우 힘든 것을 깨달을 것이다. 시간이 갈수록 세상의 압력과 유혹, 영적인 공격은 계속 증가하며 삶의 폭풍이 우리와 주님의 관계를 시험하므로 하나님과 더욱더 친밀하라.

언약 관계 안의 신뢰

34 나는 내 언약을 깨뜨리지 않으며 내 입으로 말한 것은 결코 번복하지 않는다. 35 내가 나의 거룩함을 두고 한 번 맹세하였는데 어찌 다윗을 속이겠느냐? (시 89:34-35)

성경은 구약과 신약이라는 중요한 두 약속으로 구성된다. 하나님과 기록된 말씀 성경은 동일하다. 하나님은 거짓말하실 수 없으므로(민 23:19) 하나님의 말씀과 언약은 전적으로 신뢰할 수 있다. 하나님의 변함없는 속성과 언약이 우리의 신뢰와 확신과 안전의 근거이므로 하나님의 언약을 신뢰할 수 있다. 안타깝게도 영적으로 불안한 사역자가 많지만, 하나님의 언약 관계 안에 동행하는 사람들은 하나님 안에서 특별한 믿음과 신뢰와 안전을 누리면서 그 안에서 하나님의 깊은 신뢰를 경험한다.

언약 관계를 통한 열매 맺음

4 내 안에 머물러 있어라. 그리하면 나도 너희 안에 머물러 있겠다. 가지가 포도나무에 붙어 있지 아니하면 스스로 열매를 맺을 수 없는 것과 같이 너희도 내 안에 머물러 있지 아니하면 열

매를 맺을 수 없다. 5 나는 포도나무요, 너희는 가지이다. 사람이 내 안에 머물러 있고 내가 그 안에 머물러 있으면 그는 많은 열매를 맺는다. 너희는 나를 떠나서는 아무것도 할 수 없다. 6 사람이 내 안에 머물러 있지 아니하면 그는 쓸모 없는 가지처럼 버림을 받아서 말라 버린다. 사람들이 그것을 모아다가 불에 던져서 태워 버린다. (요 15:4-6)

거하다^{ABIDE}라는 단어의 헬라어는 메노^{MENO}이며 '머무르다, 내주하다, 견디다, 지속하다' 라는 의미이다. 위의 말씀은 우리에게 친밀함과 영속성^{PERMANENCY}이라는 두 가지 의미를 전달한다. 우리 삶의 진정한 열매 맺음은 예수님과의 관계로 결정된다. 열매 맺는 사람은 주님과 친밀하고 지속적인 관계를 맺는 사람이다. 주님과의 언약 관계를 통해 우리에게 은혜와 지혜와 사랑과 능력의 영적인 공급이 흘러오며 주님께서 우리 안에 거하시는 결과로 우리는 열매를 맺는다. 열매 맺음은 우리가 주님과 하나 될 때 나타나는 자연스러운 결과다. 하나님에게서 멀리 떨어져 있거나 끊임없이 흔들리는 사람들은 많이 이루지 못하고 열매 맺지도 못할 것이다.

27 주님을 멀리하는 사람은 망할 것입니다. 주님 앞에서 정절을 버리는 사람은, 주님께서 멸하실 것입니다. 28 하나님께 가까이 있는 것이 나에게 복이니, 내가 주 하나님을 나의 피난처로 삼고, 주님께서 이루신 모든 일들을 전파하렵니다. (시 73:27-28)

대부분의 젊은이는 활동 지향적이고 일 지향적인 경향이 있으며 즉각적인 삶의 결과를 원하고 때때로 자기 목표에 도달하는 과정에서 주변 사람들에게 냉정하다. 하지만 좀 더 성숙한 사람들은 좋은 관계의 가치를 알기 때문에 관계 지향적이며 개인의 가치를 존중하고 결과를 내는 과정에서 때로는 길고 지루한 상황을 거치지만 결국 참된 유익과 축복을 누린다.

다윗을 위하여

'위하여'에 해당하는 히브리어는 마안$^{MA'AN}$으로 '~한 까닭에$^{ACCOUNT OF}$', '~에 적절하게$^{IN ORDER THAT}$', '~으로$^{BECAUSE OF}$', '~을 위한 목적으로$^{TO THE INTENT THAT}$'라는 의미이다. '다윗을 위하여'라는 구절은 하나님께서 다윗과의 언약을 지키기 위해 헌신적으로 노력하시는 모습과 하나님께서 다윗을 얼마나 소중하게 여기시는지 보여준다. 하나님께서 다윗 왕을 향해 가지신 각별함과 언약 관계를 통해 구약의 많은 사람이 유익을 얻었다. 사람들은 다윗 덕분에 특별한 은혜와 보호와 공급을 누렸다.

12 다만 네가 사는 날 동안에는 네 아버지 다윗을 보아서 그렇게 하지 않겠지만 네 아들 대에 이르러서는 내가 이 나라를 갈라 놓겠다. 13 그러나 이 나라를 갈라서 다 남에게 내주지는 않고 나의 종 다윗과 내가 선택한 예루살렘을 생각해서 한 지파만은 네 아들에게 주겠다. (왕상 11:12-13)

내가 택한 나의 종 다윗이 내 명령과 법규를 지킨 것을 생각해서 솔로몬이 살아 있는 동안에는 그 온 왕국을 그의 손에서 빼앗지 아니하고 그가 계속해서 통치하도록 할 것이다. (왕상 11:34)

그러나 주 하나님께서는 다윗을 생각하셔서 예루살렘에다가 한 등불을 주시고 그의 뒤를 이을 아들을 세우셔서 예루살렘을 굳게 세워 주셨다. (왕상 15:4)

그러나 주님께서는 자기의 종 다윗을 생각하셔서 유다를 멸망시키려고는 하지 않으셨다. 주님께서는 이미 다윗과 그의 자손에게서 왕조의 등불이 영원히 꺼지지 않게 하시겠다고 약속하셨기 때문이다. (왕하 8:19)

나는 내 명성을 지키기 위해서라도 이 도성을 보호하여 구원하고 내 종 다윗을 보아서라도 그렇게 하겠다. (왕하 19:34)

내가 너의 목숨을 열다섯 해 더 연장시키고 너와 이 도성을 앗시리아 왕의 손에서 구하여서 이 도성을 보호하겠다. 내 명성을 지키기 위해서라도 그리고 내 종 다윗을 보아서라도 내가 이 도성을 보호하겠다. (왕하 20:6)

우리는 하나님 아버지와 그리스도와 각별한 언약 관계로 유익을 얻는다.

누가 감히 그들을 정죄하겠습니까? 그리스도 예수는 죽으셨지만 오히려 살아나셔서 하나님의 오른쪽에 계시며, 우리를 위하여 대신 간구하여 주십니다. (롬 8:34)

우리는 예수 그리스도를 믿음으로 죄에서 용서받고 해방되어 구원 얻으며, 치유 받고 축복을 누린다. 우리가 기도할 때 사용하는 '예수님의 이름으로' 라는 선포는 예수님의 피로 만들어진 새 언약에 호소하기 때문에 강력한 힘을 발휘한다.

그리고 저녁을 먹은 뒤에, 잔을 그와 같이 하시고서 말씀하셨다. 이 잔은 너희를 위하여 흘리는 내 피로 세우는 새 언약이다. (눅 22:20)

다윗 왕과 하나님의 언약이 과거 몇 사람에게 많은 은총[FAVOUR]과 은혜와 축복으로 나타났지만, 다윗보다 더 위대하신 예수 그리스도와 하나님의 언약은 오늘날 우리에게 훨씬 더 많은 은총과 은혜와 축복으로 역사한다. 그리스도는 우리를 위한 더 좋은 언약의 중보자이시다.

이렇게 해서 예수께서는 더 좋은 언약을 보증하시는 분이 되셨습니다. (히 7:22)

그러나 이제 그리스도께서는 더욱 훌륭한 직무를 맡으셨습니다. 그가 더 좋은 약속을 바탕으로 하여 세운 더 좋은 언약의 중재자이시기 때문입니다. (히 8:6)

20 나는 내 종 다윗을 찾아서 내 거룩한 기름을 부어 주었다. 21 내 손이 그를 붙들어 주고 내 팔이 그를 강하게 할 것이다. 22 원수들이 그를 이겨 내지 못하며 악한 무리가 그를 괴롭히지 못할 것이다. 23 내가 오히려 그의 대적들을 그의 앞에서 격파하고 그를 미워하는 자들을 쳐부수겠다. 24 나는 그를 사랑하고 내 약속을 성실하게 지킬 것이며 내가 그에게 승리를 안겨 주겠다. 25 그의 손은 바다를 치며 그의 오른손은 강을 정복하게 하겠다. 26 그는 나를 일컬어 주님은 나의 아버지, 나의 하나님, 내 구원의 반석입니다 하고 말할 것이다. 27 나도 그를 맏아들로 삼아서 세상의 왕들 가운데서 가장 높은 왕으로 삼겠다. 28 그에게 내 신의를 영원토록 지키며 그와 맺은 나의 언약을 성실히 지키겠다. 29 그의 자손을 길이길이 이어 주며 그의 왕위를 하늘이 다할 때까지 지켜 주겠다. (시 89:20-29)

CHAPTER 8

통치권

The Dominion

다윗 왕의 통치권
인격과 능력과 통치권
통치자 예수
영을 다스리다
통치의 영
기억에 남는 예배
통치 수준
통치의 열매와 결과

다윗 왕의 통치권

다윗 왕이 하나님의 언약을 받은 후 이스라엘 왕국을 확장하면서 여호수아 세대가 소유하지 못한 땅들을 정복했다. 다윗 왕은 주전 1002년부터 주전 약 995년까지 동서남북으로, 남쪽의 나일 강에서 북쪽의 유브라데 강까지 왕국을 확장했다. 다윗은 소유해야 할 땅을 알았고, 멈춰야 할 경계도 알았다. 다윗의 왕국은 이스라엘 전체 역사에서 가장 큰 영토를 확보했다. 하나님께서 아브라함에게 주셨던 언약이 마침내 다윗 왕을 통해 성취되었으며 언약과 성취 사이에 걸린 기간은 약 1,100년이었다!

> 바로 그 날 주님께서 아브람과 언약을 세우시고 말씀하셨다. 내가 이 땅을 이집트 강에서 큰 강 유프라테스에 이르기까지를 너의 자손에게 준다. (창 15:18)

사무엘하 8:1~8에 다윗 왕이 원수들을 어떻게 지배했는지 기록되어 있다.

1 그 뒤에 다윗이 블레셋 사람을 쳐서 그들을 굴복시키고 블레셋 사람의 손에서 메덱암마를 빼앗았다. 2 다윗은 또 모압을 쳤다. 그는 모압 포로들을 줄을 지어 세운 다음에 그들을 땅에 엎드리게 하고 매 석 줄 중에 두 줄은 죽이고 한 줄은 살려주었다. 모압 사람들은 다윗의 종이 되어 그에게 조공을 바쳤다. 3 르홉

의 아들 소바 왕 하닷에셀이 유프라테스 강 유역에서 자기 세력을 되찾으려고 출정하였을 때에 다윗이 그를 치고 4 그에게서 기마병 천칠백 명과 보병 이만 명을 포로로 사로잡았다. 다윗은 또 병거를 끄는 말 가운데서도 백 필만 남겨 놓고 나머지는 모조리 다리의 힘줄을 끊어 버렸다. 5 다마스쿠스의 시리아 사람들이 소바 왕 하닷에셀을 도우려고 군대를 보내자 다윗은 시리아 사람 이만 이천 명을 쳐죽이고 6 시리아의 다마스쿠스에 주둔군을 두니 시리아도 다윗의 종이 되어 그에게 조공을 바쳤다. 다윗이 어느 곳으로 출전하든지 주님께서 그에게 승리를 안겨 주셨다. 7 그 때에 다윗은 하닷에셀의 신하들이 가지고 있는 금 방패를 다 빼앗아서 예루살렘으로 가져 왔다. 8 또 다윗 왕은 하닷에셀의 두 성읍 베다와 베로대에서는 놋쇠를 아주 많이 빼앗아 왔다. (삼하 8:1-8)

다윗이 소년이었을 때 사무엘에게 첫 번째 기름부음 받았고(삼상 16:13) 유대의 왕으로 두 번째 기름부음 받았으며(삼하 2:4) 이스라엘의 장로들에게 세 번째 기름부음을 받았다(삼하 5:3). 사무엘하 5장에서 8장까지 매우 중요한 영적 진보가 기록되어 있다.

● 삼하 5장 : 다윗이 이스라엘의 왕으로 세 번째 기름부음 받고 시온 산성을 점령했다(삼하 5:7). 시온에 살았던 여부스 사람들은 성도들을 조롱하고 비웃는 세상 영들의 예표다.

- 삼하 6장 : 하나님의 궤를 예루살렘으로 모셔 옴.
- 삼하 7장 : 하나님과 다윗 사이의 언약.
- 삼하 8장 : 다윗의 더 많은 정복과 통치.

인격과 능력과 통치권

처음부터 빨리 모은 재산은 행복하게 끝을 맺지 못한다. (잠 20:21)

하나님은 다윗이 왕위를 감당하도록 시험과 핍박으로 준비시키셨다. 다윗은 냄새나고 박쥐가 우글거리는 동굴에서 비천한 시간을 보낸 후 왕궁에 들어갔다. 우리도 인생의 어려운 시기에 더 깊은 교훈을 배운다. 사실 다윗의 아름다운 시편 중 많은 것이 다윗이 가장 힘들 때 기록되었다. 다윗은 악신이 들린 사울 왕에게 사냥감처럼 추격당했으며 사울의 광기 어린 박해 아래 13년이라는 긴 세월을 도망자처럼 살았다. 다윗에게 다른 피난처는 없었고 오직 하나님만 다윗의 위로와 안전과 도움이 되셨다.

사울의 위협이 다윗으로 하여금 하나님을 더 의지하게 했으며 외로움과 지독한 고난이 다윗을 하나님과 더 깊은 관계로 이끌었다. 다윗의 마음은 하나님께 견고하게 고정되어 있었으며 성실하게 기도했고 하늘의 계획이 무르익을 때까지 인내로 기다렸다. 다윗은 왕이 되는 것에 관심이 없었다(현대의 많은 사역자와 얼마나 다른

가!). 큰 부르심을 받은 사람들은 더 깊고 긴 준비 과정을 통과한다.

3 여러분은 믿음의 시련이 인내를 낳는다는 것을 알고 있습니다. 4 여러분은 인내력을 충분히 발휘하여, 조금도 부족함이 없이 완전하고 성숙한 사람이 되십시오. (약 1:3-4)

영적인 것이든 아니든 능력^{POWER}은 사용하는 사람의 성품에 따라 유익하기도 하고 파괴적이기도 하다. 사울 왕은 자신의 능력을 남용했으며 결과적으로 많은 무고한 생명이 희생되었다. 살기등등한 사울이 놉 성읍의 85명의 제사장과 주민을 모두 죽이라고 명령한 끔찍한 사건을 기억하는가?

16 그런데도 왕은 이런 선언을 내렸다. 아히멜렉은 들어라. 너는 어쨌든 너의 온 집안과 함께 죽어 마땅하다. 17 그리고 왕은 자기 곁에 둘러 서 있던 호위병들에게 명령하였다. 너희는 당장 달려들어 주님의 제사장들을 죽여라. 그들은 다윗과 손을 잡고 공모하였으며 다윗이 도망하는 줄 알았으면서도 나에게 귀띔해 주지 않았기 때문이다. 그러나 왕의 신하들은 손을 들어 주님의 제사장들을 살해하기를 꺼렸다. 18 그러자 왕이 도엑에게 명하였다. 네가 달려들어서 저 제사장들을 죽여라. 그러자 에돔 사람 도엑이 서슴없이 달려들어서 그 제사장들을 죽였는데 그가 그 날 죽인 사람은 모시 에봇을 입은 제사장만도 여든다섯 명이

나 되었다. 19 사울은 제사장들이 살던 성읍 놉에까지 가서 주민을 다 칼로 쳐죽였다. 그는 남자와 여자, 어린이와 젖먹이, 소 떼나 나귀 떼나 양 떼를 가리지 않고, 모두 칼로 쳐서 죽였다. (삼상 22:16-19)

능력은 매력적이지만 잘 다루는 사람이 드물다. 성경에는 나오는 이스라엘 왕의 대부분이 악했다. 왕들의 악한 성격은 왕이 가진 강력한 힘 때문에 더 확대되었다. 능력과 명성과 재물이 있었지만, 성품이 부족한 사람은 성경에 기록한 대로(시 73:18) '미끄러운 곳'에 선 것이다. 이들은 작은 어려움에도 쉽게 넘어지고 죄와 교만과 폭정에 빠진다. 이 일이 많은 사람에게 일어났는데 웃시야 왕도 그중 한 사람이다. 웃시야의 통치 초반은 매우 좋았지만, 후반은 정말 비참했다.

15 예루살렘에는 무기제조 기술자들을 두어 새로운 무기를 고안하여 만들게 하였으니 그 무기는 망대와 성곽 모서리 위에 설치하여 활과 큰 돌을 쏘아 날리는 것이었다. 그의 명성이 사방으로 퍼졌고 하나님께서 그를 도우셨으므로 그는 매우 강한 왕이 되었다. 16 웃시야 왕은 힘이 세어지면서 교만하게 되더니 드디어 악한 일을 저지르고 말았다. 주님의 성전 안에 있는 분향단에다가 분향을 하려고 그리로 들어간 것이다. 이것은 주 하나님께 죄를 짓는 일이었다. (대하 26:15-16)

향단에 분향하는 것은 거룩하게 구별된 제사장에게만 허락된 일이었다. 심지어 하나님과 친밀했던 다윗도 영적으로 해이해지자 권력을 남용하여 헷 사람 우리야를 죽이고 밧세바와 간음했다. 그러므로 선 줄로 생각하는 사람은 넘어지지 않도록 주의하라. 성경에서 깨끗한 성품의 소유자 중 한 사람인 욥은 우리가 따라야 할 모범이다. 욥은 하나님께 최고의 칭찬을 두 번이나 받을 정도로 훌륭하고 경건한 사람이었다.

주님께서 사탄에게 말씀하셨다. 너는 내 종 욥을 잘 살펴 보았느냐? 이 세상에는 그 사람만큼 흠이 없고 정직한 사람, 그렇게 하나님을 경외하며 악을 멀리하는 사람은 없다. (욥 1:8)

하나님은 욥을 사랑하고 매우 자랑스러워하셨으므로 사단은 욥을 매우 미워하고 미친 듯이 질투했다. 욥의 성품이 마귀에게 하늘에 계신 하나님을 생각나게 했기 때문에 사단은 욥을 맹렬하게 미워하며 거침없이 공격했다.

그리스도 예수 안에서 경건하게 살려고 하는 사람은 모두 박해를 받을 것입니다. (딤후 3:12)

하나님께서 욥에게 발견하시고 소중하게 여기신 특성은 다음과 같다. 1. 나무랄 데 없었으며 2. 정직했고 3. 하나님을 경외했으며 4. 악을 피했다. 마귀는 어느 정도 능력이 있지만, 성품은 없다. 욥은 좋은 성품을 갖췄지만, 마귀를 대항할 '능력'은 없었다. 하나님은 우리가 삶에서 예수님의 성품과 성령님의 권능을 두루 갖추기를 원하시며 이것이 바른 균형이다! 우리는 마지막 때에 하나님의 능력이 신자들을 통해 더 강력하게 나타나는 것을 볼 것이다. 하나님은 다음과 같은 사람에게 능력을 맡기신다.

1. 흠이 없는 사람
2. 정직한 사람
3. 하나님을 경외하는 사람
4. 악을 피하는 사람
5. 하나님의 임재 안으로 더 깊이 들어가는 사람
6. 마음이 사랑과 긍휼의 지배를 받는 사람
7. 하나님께 모든 영광을 돌리는 사람
8. 하나님 앞에서 겸손하게 나아가는 사람
9. 순종하며 믿는 사람
10. 마음이 깨어진 사람

그리하면 내가 받을 삯은 무엇이겠습니까? 그것은, 내가 복음을 전할 때에 값없이 전하고, 복음을 전하는 데에 따르는 나의 권리를 이용하지 않는다는 그 사실입니다. (고전 9:18)

통치자 예수

첫 번째 아담이 범죄하고 통치권을 잃었다. 하지만 두 번째 아담이신 예수님을 통해 통치권이 회복되었다. 예수님께서 이 땅에 오셨을 때, 모든 것을 향한 능력과 통치권을 나타내셨다.

1. 악한 영을 향한 통치권

사람들이 모두 놀라서 서로 말하였다. 이 말이 대체 무엇이냐? 그가 권위와 능력을 가지고 악한 귀신들에게 명하니 그들이 떠나가는구나. (눅 4:36)

그리고 모든 통치자들과 권력자들의 무장을 해제시키시고, 그들을 그리스도의 개선 행진에 포로로 내세우셔서 뭇 사람의 구경거리로 삼으셨습니다. (골 2:15)

2. 마귀를 향한 통치권

10 그리하여 하늘과 땅 위와 땅 아래 있는 모든 것들이 예수의 이름 앞에 무릎을 꿇고 11 모두가 예수 그리스도는 주님이시라고 고백하여 하나님 아버지께 영광을 돌리게 하셨습니다. (빌 2:10-11)

3. 질병을 향한 통치권

35 그 곳 사람들이 예수를 알아보고 주위의 온 지방으로 사람을 보내어 병자를 모두 그에게 데려왔다. 36 그들은 예수께 그의

옷술만에라도 손을 대게 해 달라고 간청하였다. 그리고 손을 댄 사람은 모두 나았다. (마 14:35-36)

4. 죽음을 향한 통치권

14 그리고 앞으로 나아가서 관에 손을 대시니 메고 가는 사람들이 멈추어 섰다. 예수께서 말씀하셨다. 젊은이야, 내가 네게 말한다. 일어나라. 15 그러자 죽은 사람이 일어나 앉아서 말을 하기 시작하였다. 예수께서 그를 그 어머니에게 돌려주셨다. (눅 7:14-15)

예수께서 마르다에게 말씀하셨다. 나는 부활이요 생명이니, 나를 믿는 사람은 죽어도 살고 (요 11:25)

우리가 알기로 그리스도께서는 죽은 사람들 가운데서 살아나셔서 다시는 죽지 않으시며 다시는 죽음이 그를 지배하지 못합니다. (롬 6:9)

5. 시간과 공간을 향한 통치권

예수께서 돌을 옮겨 놓아라 하시니 죽은 사람의 누이 마르다가 말하였다. 주님, 죽은 지가 나흘이나 되어서 벌써 냄새가 납니다. (요 11:39)

43 이렇게 말씀하신 다음에 큰 소리로 나사로야, 나오너라 하고 외치시니 44 죽었던 사람이 나왔다. 손발은 천으로 감겨 있고

얼굴은 수건으로 싸매여 있었다. 예수께서 그들에게 그를 풀어
주어서 가게 하여라 하고 말씀하셨다. (요 11:43-44)

6. 사물을 향한 통치권

잔치를 맡은 이는 포도주로 변한 물을 맛보고 그것이 어디에서
났는지 알지 못하였으나 물을 떠온 일꾼들은 알았다. 그래서 잔
치를 맡은 이는 신랑을 불러서 (요 2:9)

19 그리고 예수께서는 무리를 풀밭에 앉게 하시고 나서 빵 다섯
개와 물고기 두 마리를 들고 하늘을 우러러 보시고 축복 기도를
드리신 다음에 떼어서 제자들에게 주시니 제자들이 이를 무리
에게 나누어주었다. 20 그들은 모두 배불리 먹었다. 남은 부스
러기를 모으니 열두 광주리에 가득 찼다. (마 14:19-20)

7. 자연의 힘을 향한 통치권

24 그래서 제자들이 다가가서 예수를 깨우고서 말하였다. 선생
님, 선생님, 우리가 죽게 되었습니다. 예수께서 깨어나서 바람
과 성난 물결을 꾸짖으시니 바람과 물결이 곧 그치고 잔잔해졌
다. 25 예수께서 그들에게 말씀하셨다. 너희의 믿음이 어디에
있느냐? 그들은 두려워하였고 놀라서 서로 말하였다. 이분이 도
대체 누구시기에 바람과 물을 호령하시니 바람과 물조차도 그
에게 복종하는가? (눅 8:24-25)

8. 자연의 법칙을 향한 통치권

제자들은 예수께서 바다 위로 걸어오시는 것을 보고 유령으로 생각하고 소리쳤다. (막 6:49)

9. 모든 것을 향한 통치권

예수께서 다가와서 그들에게 말씀하셨다. 나는 하늘과 땅의 모든 권세를 받았다. (마 28:18)

모든 정권과 권세와 능력과 주권 위에 그리고 이 세상뿐만 아니라 오는 세상에서 일컬을 모든 이름 위에 뛰어나게 하셨습니다. (엡 1:21)

10. 영원한 통치권

일곱째 천사가 나팔을 불었습니다. 그 때에 하늘에서 큰 소리가 났습니다. 세상 나라는 우리 주님의 것이 되고 그리스도의 것이 되었다. 주님께서 영원히 다스리실 것이다. (계 11:15)

옛부터 계신 분이 그에게 권세와 영광과 나라를 주셔서 민족과 언어가 다른 뭇 백성이 그를 경배하게 하셨다. 그 권세는 영원한 권세여서 옮겨 가지 않을 것이며 그 나라가 멸망하지 않을 것이다. (단 7:14)

두 번째 아담이신 예수님을 통해 주님의 신부인 교회의 통치권이 회복되었다. 하나님은 우리가 인격과 영적 권세와 능력의 모든 영역에서 예수님을 더 닮기 원하신다. 성령님께서 내주하시는 모든 신자에게 풍성한 초자연적 능력과 잠재력이 있다. 우리가 하나님을 위해 무언가를 이루기 원한다면 우리의 인격에 성령님의 열매와 은사가 모두 있어야 한다.

영을 다스리다

주님께서 손수 지으신 만물을 다스리게 하시고 모든 것을 그의 발 아래에 두셨습니다. (시 8:6)

예수님께서는 우리를 위해 사단을 이기셨다. 갈보리의 십자가는 그리스도의 승리를 의미한다. 하지만 지금도 여전히 우리의 세상에서 치열한 영적 전투가 벌어지며 특히 영향력과 능력에 관한 모든 분야에서 더욱 치열한 영적 전쟁이 일어난다. 영적인 충돌과 전쟁은 개인의 마음과 생각에서 벌어진다. 이런 전투 상황은 예수님께서 이 땅을 통치하기 위해 다시 오실 때까지 계속될 것이다.

많은 사람이 주님과 동행하면서 겪는 저항과 반대의 많은 부분이 악한 영에게서 온다는 것을 잘 알지 못한다. 원수는 우리가 영적, 감정적, 신체적으로 풍성한 삶을 누리는 것을 싫어하기 때문에 다양한 방법으로 신자들을 공격하며 특히 위협과 비난, 통제와 두려움, 의심과 비난이라는 방법을 자주 사용한다.

원수들은 대부분 사람을 이용해서 사람을 공격한다. 기도하지 않는 그리스도인은 원수에게 쉽게 속으며 이용당하고 악한 영에 영향받기 때문에 성도는 원수에게 마음을 내어 주지 않도록 항상 깨어 있어야 한다. 복음서에 예수님께서 하나님의 목적을 성취하지 못하도록 사단이 베드로를 이용한 사건이 나온다.

22 이에 베드로가 예수를 따로 붙들고 주님, 안됩니다. 절대로 이런 일이 주님께 일어나서는 안됩니다 하고 말하면서 예수께 대들었다. 23 그러나 예수께서는 돌아서서, 베드로에게 말씀하셨다. 사탄아, 내 뒤로 물러가라. 너는 나에게 걸림돌이다. 너는 하나님의 일을 생각하지 않고 사람의 일만 생각하는구나!
(마 16:22-23)

주님을 섬기다 보면 종종 악한 영의 영향 아래 있는 사람들의 방해를 마주한다. 다른 사람을 조종하려 하고 비판적이며 의심하는 마음이 있는 사람들은 하나님의 말씀을 거부하고 저항한다. 통치의 영은 악한 영들과 인간적인 마음을 복종시키고 압도하는 기름부음이 있으므로 목회자가 영적인 통치권으로 사역할 때 영적인 저항과 반대를 극복할 수 있다. 우리가 일반적인 사람들을 대할 때는 친절하고 부드러워야 하지만 악한 영들을 대적할 때는 사도 바울이 박수 엘루마를 대할 때처럼 담대하고 단호하게 권위를 행사해야 한다.

8 그런데 이름을 엘루마라고 번역해서 부르기도 하는 그 마술사가 그들을 방해하여 총독으로 하여금 믿지 못하게 하려고 애를 썼다. 9 그래서 바울이라고도 하는 사울이 성령으로 충만하여 마술사를 노려보고 말하였다. 10 너, 속임수와 악행으로 가득 찬 악마의 자식아 모든 정의의 원수야, 너는 주님의 바른 길을 굽게 하는 짓을 그치지 못하겠느냐? 11 보아라, 이제 주님의 손이 너를 내리칠 것이니 눈이 멀어서 얼마 동안 햇빛을 보지 못할 것이다. 그러자 곧 안개와 어둠이 그를 내리덮어서 그는 앞을 더듬으면서 손을 잡아 자기를 이끌어 줄 사람을 찾았다. (행 13:8-11)

통치의 영

26 하나님이 말씀하시기를 우리가 우리의 형상을 따라서 우리의 모양대로 사람을 만들자. 그리고 그가 바다의 고기와 공중의 새와 땅 위에 사는 온갖 들짐승과 땅 위를 기어다니는 모든 길짐승을 다스리게 하자 하시고 27 하나님이 당신의 형상대로 사람을 창조하셨으니 곧 하나님의 형상대로 사람을 창조하셨다. 하나님이 그들을 남자와 여자로 창조하셨다. 28 하나님이 그들에게 복을 베푸셨다. 하나님이 그들에게 말씀하시기를 생육하고 번성하여 땅에 충만하여라. 땅을 정복하여라. 바다의 고기와 공중의 새와 땅 위에서 살아 움직이는 모든 생물을 다스려라 하셨다. (창 1:26-28)

통치에 해당하는 히브리어는 '라다' 이며 '짓밟다, 지배하다, 정복하다, 통치하다, 압도하다, 군림하다, 소유하다' 라는 뜻이다. 통치의 영은 하나님의 사역자에게 역사하는 강력한 기름부음이며 영계를 통치하는 권세와 능력으로 왕 같은 기름부음, 압도하는 기름부음이다. 통치하는 기름부음은 풍성하고 강력해서 어떤 사람들은 이것을 '엄중한^{HEAVY} 기름부음' 이라고도 부르기도 한다. 이 기름부음을 받은 하나님의 사역자들은 차원이 다른 깊이^{DEGREE}로 사역한다. 이 깊이는 하나님과의 영적 관계, 개인적 돌파, 믿음의 수준, 하나님의 축복, 예배 전 준비 상태, 기도의 양에 영향받는다.

아직은 통치하는 기름부음으로 섬기는 사역자들이 적지만 앞으로 일어날 다윗의 세대에서 더 많은 하나님의 사역자들이 통치하는 수준으로 사역할 것이다. 통치의 영이 나타날 때, 집회 장소의 분위기가 놀라울 정도로 바뀌고 피부로 느낄 정도로 공기 중에 매우 실재적인 기름부음이 충만한 것을 느끼곤 한다! 통치하는 기름부음으로 사역하는 사역자들은 보기에 부드럽고 심지어는 느린 것처럼 보여도 청중의 관심을 제압하는 강력한 권위를 가지고 있다. 통치의 기름부음이 매우 강할 때는 사람들의 생각과 관심조차 '제압^{ARREST}' 되며 혼란함도 '예방^{PREVENT}' 한다.

> 백성이 모두 그의 말씀을 열심히 듣고 있었기 때문이다. (눅 19:48, "모든 사람이 그의 말씀에 집중하여 사로잡힘으로" A<small>MPLIFIED</small> B<small>IBLE</small>)

하나님의 임재와 성령님의 권능으로 충만한 모임에서 사람들이 쓰러지는 것은 이상한 일이 아니며 사역자를 통해 선포되는 하나님의 말씀은 강력한 권능으로 회중의 존재 깊은 곳까지 침투한다.

보십시오. 그대의 인사말이 내 귀에 들어왔을 때에, 내 태중의 아이가 기뻐서 뛰놀았습니다. (눅 1:44)

그들은 서로 말하였다. 길에서 그분이 우리에게 말씀하시고 성경을 풀이하여 주실 때에 우리의 마음이 [우리 속에서] 뜨거워지지 않았습니까? (눅 24:32)

종종 집회 장소에 통치의 영이 역사하면 회중은 시간의 흐름을 잊고 예배가 길어져도 피곤함을 느끼지 않고 오히려 힘을 얻는다. 이것은 통치의 영과 함께하시는 성령님의 생기가 풀어져서 회중에게 새로운 힘을 주기 때문이다.

생명을 주는 것은 영이다. 육은 아무 데도 소용이 없다. 내가 너희에게 한 이 말은 영이요 생명이다. (요 6:63)

통치의 영으로 사역하려면 사역자가 먼저 성령님의 통치 아래 머물러야 한다. 즉, 성령에 지배받고 통제되며 영의 인도를 받아야 한다. 자주 기도하면서 '지성소'의 영역으로 들어가는 사람들은 삶에 통치의 기름부음을 유지할 수 있다. 통치의 기름부음이 풍성하게 임하면 사역자는 온몸으로 통치의 기름부음을 느낀다. 이렇게 강력한 통치의 기름부음은 사역자를 둘러 퍼져 나간다.

> 온 무리가 예수에게 손이라도 대보려고 애를 썼다. 예수에게서 능력이 나와서 그들을 모두 낫게 하였기 때문이다. (눅 6:19)

사역자가 통치의 기름부음으로 사역하면 정신은 맑아지고 영이 민감해지며 영적인 영역과 주변에서 발생하는 상황을 빠르고 정확하게 이해하는 탁월한 감각이 생긴다. 왕의 기름부음을 소유한 통치의 영이 나타나는 사람들에게서 강력한 영적 전달이 역사하며 사무엘 선지자, 아시시의 성 프란시스, 요한 웨슬레, 썬다 싱, 찰스 피니, D. L. 무디, 존 레이크, 마리아 우드워스 에터, 캐서린 쿨만 같은 사람들이 여기에 해당한다.

통치의 영의 능력과 효과는 사무엘상 19장에 자세히 나온다. 다윗을 잡도록 보내진 사울 왕의 부하들이 선지자의 무리를 만나자 예언의 영이 전달되어 예언하게 되었고 심지어 사울 왕도 예언적 기름부음에 '묶여 ARRESTED' 하나님의 영에 압도되었다. 이 구절에 선지자 사무엘과 제자들의 예언적 권능, 예언의 영, 집단적 기름부음의 조합이 나온다. 하나님의 영이 통치하시는 영역에 들어가면 우리의 힘과 능력은 무효가 된다.

20 사울은 다윗을 잡아 오라고 부하들을 보냈다. 그들이 가서 보니 예언자들 한 무리가 사무엘 앞에서 춤추고 소리치며 예언을 하고 있었다. 그 순간 그 부하들에게도 하나님의 영이 내리니 그들도 춤추고 소리치며 예언을 하였다. 21 사람들이 사울에게 이 소식을 알리니 사울이 다른 부하들을 보냈으나 그들도 춤추고 소리치면서 예언을 하는 것이었다. 사울이 다시 세 번째로 부하들을 보내니 그들도 마찬가지로 춤추고 소리치면서 예언을 하였다. (삼상 19:20-21)

23 사울이 거기에서 라마의 나욧으로 가는데 그에게도 하나님의 영이 내려서 그는 라마의 나욧에 이를 때까지 계속하여 춤추고 소리치며, 열광 상태에서 예언을 하며 걸어갔다. 24 사무엘 앞에 이르러서는 옷까지 벗어 버리고 춤추고 소리치면서 예언을 하고 나서 그 날 하루 밤낮을 벗은 몸으로 쓰러져 있었다. (사울도 예언자가 되었는가? 하는 말이 여기에서 나왔다.) (삼상 19:23-24)

기억에 남는 예배

내 기억에 남는 예배는 크고 요란한 모임이 아니라 하나님의 영광스러운 임재하심이 강력하게 역사하는, 통치하시는 성령님을 분명하게 느낀 예배다. 내 기억에 남는 예배를 간략하게 회상하려 한다. 내가 좋아하는 기도 장소는 내 차 안이다. 차는 냉난방이 되는 이동식 기도실로서 나는 차 안에서 조용한 음악을 틀고 적당한 긴장감을 유지하면서 기도하는 것을 좋아한다. 운전하며 약속된 설교 장소로 이동할 때 주님과 대화하며 '조율'하는 것이 나의 중요한 습관이다. 우리가 시간을 투자해서 기름부음을 충만하게 받으면 우리의 사역은 매우 달라질 것이다.

어느 주일 아침 일찍 운전할 때, 하나님의 '진한' 기름부음이 마치 따뜻한 전기담요가 나의 머리와 어깨를 덮듯이 임하는 것을 느끼고 전율했다. 나는 운전하면서 기름부음 흠뻑 젖어 계속 예배하며 성령님께서 내 존재를 충만하게 채우시도록 내어 드렸다.

나는 모임 장소에 도착해서 교회를 섬기는 사람들에게 막힘 없이 예언했고 말씀을 선포하기 전에 피아노 연주자에게 계속해서 연주해 달라고 요청했다. 말씀을 선포할 때 많은 사람이 성령님의 감동으로 눈물 흘렸다. 그날 아침, 나뿐 아니라 모든 회중이 하나님의 강력하고 놀라운 임재와 달콤한 기름부음을 느끼고 누렸다.

예배가 끝날 무렵, 사람들이 제단 앞으로 몰려나와 간절한 마음으로 하나님께 헌신했다. 나는 하나님의 영으로 충만한 상태로 예배하고 찬양하며 강단에서 내려왔고 사람들의 줄 옆을 지나갈 때, 많은 사람이 성령 안에서 넘어졌다. 그때 나는 누구에게도 안수하지 않았다! 내가 그 자리에 모인 사람들을 위한 예언을 마친 순간 많은 사람이 넘어졌다. 그날 아침에는 환상이 쉽게 보였으며 예언이 매끄럽게 흘러나왔다. 하나님께 영광을!

사역이 끝날 때쯤, 나는 약 4미터 정도 떨어진 곳의 소녀를 봤는데, 그 소녀는 성령님의 능력에 압도되어 쓰러지는 사람들을 돕느라 바빴다. 나는 내가 서 있던 곳에서 그 소녀를 위해 기도했다. 내 오른손을 그녀가 있는 방향으로 절반 정도 올렸을 때 소녀가 뒤로 쓰러졌다. 나는 손을 들어 올릴 때 손에 실제적인 기름부음을 느꼈다. 그날 아침에 주님의 기름부음이 정말 강력해서 내가 손대지 않았는데도 많은 사람이 성령님 안에서 넘어졌다.

이 교회에서 모든 사역을 마치고 우리 교회로 돌아왔을 때, 아직 예배가 진행 중이었다. 내가 예배실 뒷문으로 들어간 순간, 맨 앞줄에 앉은 아내가 강력한 기름부음과 명확한 분위기 변화를 느끼고 나를 보지 않고도 내가 돌아온 것을 알았다. 그날 저녁 우리 교회에서 운영하던 커피숍 싸미스트THE SALMIST에 갔을 때 커피숍의 성도 중 몇 사람이 내 위에 강력한 기름부음이 머무는 것을 느꼈다고 말했다. 그날은 특별하고 강력한 기름부음이 온종일 나에게 머문 특별하고 인상적인 날이었다.

통치 수준

기름부음의 종류와 깊이는 다양하다. 구약 성경에는 선지자와 제사장과 왕의 기름부음이 기록되어 있다. 통치 수준은 더 높은 수준의 영적 권위와 결합된 더 강력한 수준의 기름부음이다. 통치 수준으로 사역하려면 사역자는 다음 세 가지를 갖춰야 한다.

A. 하나님께 받은 특별한 기름부음

위대한 하나님의 사람들은 자신의 삶을 변화시킨 영적인 체험을 고백한다. 이들은 모두 특별하고 강력한 기름부음과 하나님의 방문, 성령 세례의 경험을 증언한다. 마리아 우드워스 에터, 찰스 피니, D. L. 무디, 존 G. 레이크, 캐서린 쿨만 등 당대에 영향을 끼친 사역자들은 하나님께 특별한 기름부음을 받았다고 증언한다. 나는 어떤 하나님의 사람들이 주님 안의 영적인 위치에 입각한 특별한 권한, 예를 들어 더 많은 강력한 천사들의 도움을 받는 은혜를 받았다고 믿는다. 영계를 볼 수 있는 능력이 있는 사람들은 내 말이 사실이라는 것을 알 것이다. 이런 특권은 기꺼이 어떤 대가를 치르더라도 하나님께 나아가서 그 앞에 머무르며 하나님과 언약 관계를 발전시킨 사역자나 신자에게 주어진다.

B. 내주하시는 그리스도의 드러남

여러분은 하나님의 성전이며 하나님의 성령이 여러분 안에 거하신다는 것을 알지 못합니까 (고전 3:16)

솔로몬이 기도를 마치니 하늘에서 불이 내려와 번제물과 제물들을 살라 버렸고, 주님의 영광이 그 성전에 가득 찼다. (대하 7:1)

하나님의 내주 하심이 삶을 통해 강력하게 나타나는 신자들이 드문 이유는 다음과 같다.

1. **약한 영혼** : 말씀 묵상, 개인 기도, 개인 예배 같은 기본적인 영적 생활을 준수하지 못해 연약한 영혼의 상태.

2. **혼의 막힘** : 새로워지지 않은 정신, 우상 숭배, 성적인 죄, 내적 치유와 유전적인 속박의 어려움(롬 12:2; 출 20:3, 5).

3. **육에 속한 삶** : 자연적인 욕구와 본능을 추구하는 삶. 성령님과 동행하지 않는 삶(갈 5:16-17).

4. **기도하지 않음** : 하나님과 소통하기 위해 충분한 시간을 드려 기도하지 않음.

주님께서 몸소 생명의 길을 나에게 보여 주시니 주님을 모시고 사는 삶에 기쁨이 넘칩니다. 주님께서 내 오른쪽에 계시니 이 큰 즐거움이 영원토록 이어질 것입니다. (시 16:11)

내주 하시는 하나님의 권능이 우리 삶에 나타나려면 먼저 하나님의 임재를 경외하고 소중히 여겨야 한다. 임재는 세상이 만들거나 줄 수 없다. 만일 당신이 하나님의 임재를 느낀다면, 하나님께 온전히 응답하기 위해 삶의 다른 것을 내려놓을 준비를 해야 한다. 이런 준비가 되었다면, 하나님의 임재를 누리고 임재 안에 오랫동안 깊이 잠기라. 당신의 삶에 하나님의 임재 의식이 늘어나도록 매일 하나님과의 교제 시간을 확보하고 그 시간을 경작하라^{CULTIVATE}. 전심으로 하나님을 예배하라.

C. 하나님과의 언약 관계

그가 대답하였다. 네 마음을 다하고 네 목숨을 다하고 네 힘을 다하고 네 뜻을 다하여 주 너의 하나님을 사랑하여라 하였고 또 네 이웃을 네 몸같이 사랑하여라 하였습니다. (눅 10:27)

최상의 기름부음과 성령님의 능력은 하나님을 진심으로 사랑하고 하나님의 이름에 영광 돌리기 원하는 사람들에게 주어진다. 하나님을 전심으로 사랑하는 사람은 하나님과 사역자들을 통해 귀한 언약의 말씀을 받을 것이다.

통치의 열매와 결과

하나님의 사역자들은 합당한 열매와 결과를 보여야 한다. 마찬가지로 통치 수준의 사역자들도 그 사역에 합당한 열매와 결과를 보여준다. 통치 수준에서 사역하는 것은 최고 수준의 기름부음으로 사역하는 것이며 그리스도와 함께 다스리고 통치하는 것이다.

모든 사역자가 통치 수준에서 사역하기는 어렵지만 그럼에도 모든 사역자가 영으로 다스리고 압도하며 선포하는, 왕에게 어울리는 기름부음과 권위를 가진 통치 수준에 도달하기를 갈망하며 기도해야 한다. 나는 그리스도의 교회가 성숙할수록 더 많은 사역자가 통치 수준의 사역으로 나아갈 것이라고 믿으며 반드시 그렇게 되기를 기도한다.

나라와 권세와 온 천하 열국의 위력이 가장 높으신 분의 거룩한 백
성에게로 돌아갈 것이다. 그의 나라는 영원한 나라다. 권세를 가진
모든 통치자가 그를 섬기며 복종할 것이다. (단 7:27)

온 세상이 하나님의 구원을 갈망하고 있다. 이제 온 우주를 통
치하시는 하나님의 권능이 다윗의 세대를 통해 이 땅에 풀어지도
록 기도하자.

20 피조물이 허무에 굴복했지만 그것은 자의로 그렇게 한 것이
아니라 굴복하게 하신 그분이 그렇게 하신 것입니다. 그러나 소
망은 남아 있습니다. 21 그것은 곧 피조물도 썩어짐의 종살이
에서 해방되어서, 하나님의 자녀가 누릴 영광된 자유를 얻으리
라는 것입니다. 22 모든 피조물이 이제까지 함께 신음하며 함
께 해산의 고통을 겪고 있다는 것을 우리는 압니다. 23 그뿐만
아니라 첫 열매로서 성령을 받은 우리도 자녀로 삼아 주실 것을
곧 우리 몸을 속량하여 주실 것을 고대하면서 속으로 신음하고
있습니다. (롬 8:20-23)

벧엘북스 도서 안내

승리의 종말론

주님의 몸 된 교회는 계속해서
주님의 영광을 향해 성장하며 더욱 더 연합되어
이전에 보지 못한 하나님의 권능을 나타내고,
사탄은 결단코 이 세상을 장악하지 못할 것이다.
우리 주 예수 그리스도께서 만주의 주, 만왕의 왕으로서
모든 대적을 그 발아래 굴복시키실 것이다!

값 16,000원

요한계시록 주석 : 과거주의 견해

많은 성도이 요한계시록을
신화적인 허구나 어려운 책으로 생각한다.
이 책은 요한계시록을 성경 본문의 문맥과
기록 당시의 정황을 통해 풀어 나간다.

값 11,000원

하나님의 사랑받는 자녀가 되다

이 책은 하나님 아버지의 가족으로 입양되어
양자 된 우리의 정체성을 입양을 통해 설명해 줍니다.
입양된 아이들이 경험하는 여러 가지 힘겨움은
우리가 하나님 나라에서 경험하는 것과 아주 비슷합니다.
이 책을 읽는 동안 여러분이 하나님 아버지의 사랑과
더 깊은 연결점을 발견하게 되기를 기도합니다.

값 7,500원

지성소

성령님께서 지금 이 시간 그리스도의 거룩한 신부들이
지성소로 들어가도록 부르신다.
하나님께서 가장 높고 은밀한 지성소에서
천국의 사명과 계시, 하나님의 뜻과 거룩한 부르심을 주시고
이것을 성취할 수 있는 권능을 주신다!

값 10,000원

벧엘북스 후원 요청

안녕하세요 벧엘북스 대표 한성진 목사 인사드립니다.

국내 출판 업계 불황과 함께 기독교 출판 역시 큰 어려움을 겪고 있습니다. 벧엘북스는 출판이 돈을 벌기 위한 "사업"이 아니라 하나님의 부르심에 따른 "사역"이라고 믿고 진행하고 있습니다. 한 권의 책이 출간되기 위해서 저자와 출판사 간의 계약, 로열티 지불, 번역, 교정, 교열, 내지 및 표지 디자인과 같은 다양한 요소들이 존재합니다. 여러분의 관심과 후원으로 도서출판을 같이 세워 주십시오.

"미션펀드에서 벧엘북스를 검색해주세요"

http://go.missionfund.org/bbooks

※ 월 2만 원 이상($20) 후원자께는 향후 출판되는 도서나 음악 앨범을 무료로 보내드립니다.

※ 신청해 주신 후, 미션 펀드에서 070 번호로 된 후원 확인 전화가 갑니다. 이 전화를 꼭 받아 주셔야 후원이 완료됩니다.

※ 자동이체는 일괄적으로 매월 25일에 이루어집니다.

※ 단회적 후원을 원하시는 분들은 **우리은행 1002-336-011545(한성진)** 계좌를 이용해 주십시오.

문의 : 070-8118-4967(문자 가능)

옮긴이 / 정광의

서강 대학교에서 전자 계산학을 전공하고 서울 신학 대학 대학원 M.div를 수료했으며 현재 마중물 교회를 섬기고 있다.

다윗의 세대

지 은 이 : 데이비드 스완
옮 긴 이 : 정광의
표   지 : 조종민

펴 낸 이 : 한성진
펴 낸 날 : 2019년 3월 11일
펴 낸 곳 : 벧엘북스 BETHEL BOOKS
등   록 : 2008년 3월 19일 제 25100-2008-000011호

주   소 : 서울시 강남구 삼성2동 26-31, 한나빌딩 지층
웹사이트 : www.facebook.com/BBOOKS2 또는 벧엘북스로 검색
전   화 : 070-8118-4967(문자 가능), 010-9897-4969
총   판 : 비전북 031-907-3928
I S B N : 978-89-94642-33-8

※ 잘못된 책은 교환해 드립니다.

※ 책 값은 뒷표지에 있습니다.